DOAÇÃO INÚTIL

Reflexões sobre o sentido da ajuda

Emílio Morschel

R. Doutor Goulin, 1523 Alto da Glória
CEP 80040-280 Curitiba-PR
(41) 3254-1616 e (41) 3558-8001
editorainverso@editorainverso.com.br
www.editorainverso.com.br
Facebook.com/editorainverso
Instagram @editorainverso

COORDENAÇÃO EDITORIAL / EDITORA
Cristina Jones

REVISÃO
Vanessa Correia

GHOSTWRITER
Vagner Trintim

IMAGEM DE CAPA
Adobe Stock

CAPA, PROJETO GRÁFICO E DIREÇÃO DE ARTE
Adriane Baldini

DADOS INTERNACIONAIS DE CATALOGAÇÃO NA PUBLICAÇÃO (CIP)
MONA YOUSSEF HAMMOUD – CRB/9ª.1393

M884D
MORSCHEL, Emílio.
Doação inútil — Reflexões sobre o sentido da ajuda.
Curitiba: Editora InVerso, 2023
208 p. 15 x 21 cm PTBR
ISBN: 978-85-5540-364-4

1. Biografia. 2. Empreendedorismo. 3. Responsabilidade social.
4. Altruísmo. 5. Doação. I. Título

CDD: 926.2

BIOGRAFIA: 926.2
RESPONSABILIDADE SOCIAL: 658.4

Dedico esta obra aos meus amados netos: Pedro, Joaquim, Vicente e Henrique.

É com imensa ternura e esperança que compartilho estas palavras com vocês, desejando que encontrem ensinamentos valiosos para suas vidas. Que cada página deste livro inspire reflexões profundas e desperte em vocês a busca pela sabedoria e o desejo de se tornarem seres humanos tão extraordinários quanto seus amados pais.

A alegria deste vovô coruja e maravilhado será indescritível se, de alguma forma, esta obra puder contribuir para a plenitude da felicidade que anseio para vocês.

Agradecimentos

Aos meus pais, Geraldo e Paula, fonte de toda minha inspiração. Pessoas de bondade extrema. Me proporcionaram uma existência com valores e caráter elevados. Meu pai, Geraldo, verdadeiro pescador, não só de peixes, mas de amigos. Inspirador e professor de virtudes e de boas maneiras. É em você, meu pai, que me espelho para ser o modelo para meus filhos e netos, forma que entendo, o deixará muito feliz sabendo que está e sempre estará a meu lado.

A Maria de Jesus, um verdadeiro anjo que tive a bênção de conhecer e que se tornou uma verdadeira mãe para mim. Sua dedicação e bondade inigualáveis marcaram a vida daqueles que tiveram o privilégio de cruzar seu caminho. Sua generosidade e disposição para ajudar são lembradas com profundo respeito e gratidão por todos os funcionários e familiares daquela grande indústria cerâmica.

A Jô, minha fiel companheira e fonte constante de inspiração. Sempre me apoiando e incentivando em meus estudos, empreendimentos e, agora, nessa nova jornada de escrita. A você, minha querida amiga, expresso minha gratidão e meu amor eterno.

Aos meus amados filhos e seus cônjuges: Paola e Alisson, Mariana e Rafael e Rui e Leticia. Vocês são minha maior alegria e razão de viver. Sempre digo que minha maior realização é ver quão extraordinários vocês são, superando-me em todos os aspectos. Sinto que minha missão como semeador e jardineiro está se cumprindo de forma magnífica.

A Vagner Trintim Ramos, jovem jornalista, escritor e revisor, que desde a nossa primeira reunião de trabalho trouxe entusiasmo e soube, com maestria, traduzir e organizar de maneira profissional as minhas ideias, pensamentos e utopias. Sua seriedade e competência são admiráveis, e eu o recomendarei sempre para aqueles que desejam embarcar em uma aventura como esta que hoje concluo.

À equipe do Conselho Incanto, Conselho da Elo, Conselho do Futebol de Rua, Instituto Legado James Marins e Glaucia, expresso minha gratidão sincera.

Aos diretores e funcionários das nossas empresas, agradeço por sua dedicação e empenho. Foi graças trabalho e comprometimento de cada um de vocês que alcançamos nossos maiores objetivos.

A Terezinha de Jesus – e me parece que as pessoas com o nome de Jesus carregam uma essência divina. Você é um anjo com quem compartilho conversas profundas. É dona de uma sensibilidade incomparável. É capaz de perceber, com sutileza, o limite que separa a ajuda que leva o indivíduo para a autonomia, da ajuda que transita pelo assistencialismo e que cria dependência.

A Bernardo Levandoski, vizinho, companheiro do chimarrão filosófico e das boas e produtivas conversas. Fonte de inspiração e de profundas reflexões.

Ao José Roberto Real, mentor na casa espírita *Lar Abrigo de Jesus*. Exemplo vivo de trabalho e dedicação pelos outros. Graças a você, aprendi lições inestimáveis sobre a vida, a caridade e o significado mais verdadeiro da ajuda. Exemplo de desapego material e da busca incansável pela felicidade do próximo.

Minha gratidão se estende a todos aqueles que, de alguma forma, tocaram minha vida e contribuíram para este livro. Que suas generosidades e bondades sejam retribuídas, multiplicadas, e que possam continuar a inspirar e transformar vidas ao seu redor.

Semente do Bem

"— Quando a doença chegou e vocês começaram a nos ajudar com os custos da cirurgia, dos medicamentos e dos tratamentos médicos, meu pai passou a falar de você de uma maneira diferente. Ele dizia "Filha, devemos estudar e nos preparar, não para sermos prósperos como o tio Emílio, mas para sermos bons como ele"."

Hoje, aos 66 anos, posso dizer que completei um ciclo de sucesso na vida profissional e pessoal. Eu e Marilda dedicamos trinta anos da nossa vida para construir um patrimônio que agora nos permite parar e olhar para outras direções. Não foi sorte, foi trabalho e dedicação. Não foi sozinho, foi com a ajuda de muitos que chegamos até aqui.

Ainda estou ativo no mercado. Sou Conselheiro das empresas da família e também atuo como mentor para CEOs de empresas e jovens profissionais. Participo de conselhos de ONGs e as apoio, pois acredito que é através dos Projetos Sociais que ajudaremos a construir uma sociedade capaz de transformar esse mundo em um lugar bem melhor.

Atualmente, as empresas das quais participo como sócio direcionam 5% dos resultados líquidos anuais para projetos sociais. Nossa meta é chegar a 10% até 2025.

Esse livro representa mais um marco neste novo horizonte de vida que se desenha à minha frente. Não é um acaso nem um mero produto de aspirações literárias. Ele faz parte de um movimento mais amplo, um compromisso consciente com a transformação social.

Com isso em mente, decidi destinar 100% da renda que me caberia, para projetos sociais.

Ao adquirir este livro, você não está apenas participando de um projeto literário; você está participando ativamente de uma rede de solidariedade. Comprando um livro, você está ajudando a ajudar milhares de pessoas.

Este não é apenas um livro; é uma semente, uma pequena contribuição que visa desencadear uma onda de mudanças, repercutindo de maneira imensurável na vida daqueles que mais necessitam.

Emílio Morschel

Apresentação

O poeta cubano José Martí, certa vez, cinzelou em um pedaço de papel um verso que viria a se tornar um axioma cultural.

"Plantar uma árvore, ter um filho e escrever um livro. Três coisas que cada pessoa deve fazer durante sua vida."

Tenho três filhos muito bons. Árvores, plantei muitas e continuarei a plantá-las. Agora, minha realização final se dá com a entrega deste livro a você, estimado leitor. É um presente, pois aqui está o melhor de mim. Tudo o que aprendi em minha vida, retratado à minha maneira singela e simples de Ser.

Neste mergulho em busca da compreensão e do sentido da minha vida, encontrei uma forma de sublimar a sabedoria latente, entrelaçada sutilmente nas entrelinhas deste verso.

"Plantar uma árvore é uma ação singela, mas cuidar dela com perseverança para que cresça forte e ocupe seu espaço com grandeza é uma tarefa notável. Ter um filho é um presente, mas dedicar tempo e esforço para educá-lo, e ainda ser um exemplo de conduta, é uma dedicação hercúlea. Escrever um livro é algo acessível, no entanto, criar uma história que possa ser genuinamente útil e significativa para aqueles que a leem é um verdadeiro desafio".

Prefácio

Imagino que algumas perguntas devam passar pela cabeça de qualquer pessoa que se aventura a escrever um livro de memórias: será que vale mesmo a pena contar essa história? Minha trajetória pessoal dá um bom livro? Será que determinado evento, tão crucial para a minha formação, irá comover também o leitor que não me conhece?

Não sei se essas dúvidas chegaram a incomodar Emílio Morschel em algum momento, mas sei que ele encontrou uma solução brilhante para o dilema do memorialista: ao invés de escrever um livro de memórias, ele nos presenteia com muito mais.

Intercalada à narrativa de episódios pessoais marcantes, o leitor(a) encontrará aqui, por exemplo, lições de negócios, contidas na história da fundação e consolidação da RH NOSSA, fruto da parceria - no sentido mais amplo da palavra - entre Emílio e sua esposa, Marilda. Encontrará também a visão do Emílio sobre a área social, o terceiro setor e o papel das empresas na promoção de uma sociedade mais justa.

Mas este livro é, sobretudo, uma reflexão profunda, sincera, com um pé na filosofia, sobre o que é, afinal, o sucesso. É nessa chave que a experiência pessoal do Emílio se torna iluminadora para todos nós.

Ele conta que, aos sete anos, foi acompanhar seu pai em uma pescaria. Saíram de casa cedinho, chegaram ao rio quando os primeiros raios de sol apareciam no horizonte e lá ficaram até o entardecer. Voltaram com baldes cheios de peixe. Ao chegar em casa, seus pais repartiram os frutos da pescaria com toda a vizinhança. Tão novo, Emílio aprendeu ali uma lição valiosa: felicidade verdadeira só existe quando é compartilhada.

Posso atestar que essa ideia orienta sua vida até hoje. Emílio é membro do conselho do Instituto Incanto, ONG fundada e presidida pela empreendedora social Camila Casagrande que realiza um trabalho social belíssimo nas periferias de Curitiba (PR). O Incanto faz parte do ecossistema da Gerando Falcões e já participou do nosso programa de aceleração voltado às instituições sociais. Foi assim que conheci o Emílio.

Desde a nossa primeira conversa – narrada, aliás, neste livro – percebi que estávamos em sintonia. Emílio acredita que a verdadeira ajuda, nas suas próprias palavras, não é um "gesto de caridade momentâneo", mas a contribuição efetiva para uma sociedade mais justa. Enquanto cidadão e empreendedor, ele abraça seu quinhão de responsabilidade social e leva a filantropia a sério, isto é, como um esforço constante, não um "favor" que se faz ocasionalmente em busca de holofotes.

Emílio também acredita que nós, do terceiro setor, somos lavradores, que plantamos e cultivamos as sementes lançadas por filantropos. Gosto dessa imagem, pois ela enfatiza, propositalmente ou não, o caráter de longo prazo do trabalho social sério. Emílio é um verdadeiro parceiro da agenda solidária pois compreende que, se o trabalho de uma instituição como o Incanto hoje dá frutos, é porque seus gestores e investidores tiveram dedicação e paciência para maturar cada projeto.

Afinal, para Emílio, o verdadeiro sentido da ajuda, aludido pelo título do livro, é "transformar necessidade em habilidade, dependência em autossuficiência". Não poderia concordar mais. Nossas lutas – eu, como empreendedor social; ele, como empresário e filantropo – estão sempre ligadas à ideia de emancipar os mais necessitados, isto é, dar-lhe condições básicas de dignidade, sem as quais nada se conquista, e meios para que construam suas próprias trajetórias de sucesso.

Emílio aprendeu isso ao longo de uma vida inteira. Generoso, ele decide agora compartilhar essa vida conosco, para que também possamos refletir, repensar e aprender qual é o nosso papel na construção de uma sociedade mais solidária.

Mais do que isso, este livro é um convite, tão necessário nos dias de hoje, para que repensemos o que é o sucesso, o que verdadeiramente nos traz felicidade e, sobretudo, como dar à nossa vida um sentido mais profundo.

Edu Lyra
Gerando Falcões

SONHO, A SEMENTE DO DESTINO

"A pessoa que se deu conta dessa responsabilidade em relação à obra que por ela espera ou perante o ente que a ama e o espera, essa pessoa jamais conseguirá jogar fora a sua vida. Ela sabe do 'porquê' de sua existência – e por isso também conseguirá suportar quase todo 'como'."

Viktor E. Frankl – Em Busca de Sentido

Na simplicidade daquela vida em Itararé, encontrei a profundidade das lições aprendidas com meu pai, moldando meu caráter e me tornando quem sou hoje. Na madrugada de um sábado qualquer, quando eu ainda era muito criança, nos momentos mais singelos – como no ranger das tábuas do assoalho –, descobri que a vida guarda memórias valiosas e eternas. Naquela casa, no interior de São Paulo, tudo era simples, tudo era de madeira.

Da conversa ainda sonolenta de meu pai, Geraldo, com minha mãe, Paula, eu não consigo lembrar. O som da tecla – track – e a luz, a denunciar na escuridão as milhares de frestas invisíveis na parede que separava nossos quartos, ainda estão claros em minha mente. No contraste, da janela do meu quarto, apenas a cor do ébano. Era o sol que ainda iria se demorar. Mesmo assim, meus olhos já estavam bem abertos.

Todos os fins de semana aconteciam desse jeito... Ele passava no meu quarto, me dava um beijo na testa e se despedia. Minutos depois, de pé, eu espiava pelo vidro, entre as cortinas. Carregado com as maletas de pesca, uma sacola de pano no ombro e as varas de bambu em uma das mãos, meu pai caminhava lentamente até o portão.

Não demorava muito, a plenitude do silêncio lá fora se rompia ao som crescente do ronco do motor de um Corcel. A luz indicava a direção e o assobio dos freios sinalizava que ele estava parando. Alguém descia para ajudar. O portão se fechava. O carro se afastava e o silêncio voltava a reinar, inquebrável.

Ao observar meu pai partir para suas pescarias, percebi que as despedidas, mesmo que temporárias, nos ensinam a apreciar o tempo compartilhado e a importância de sonhar acordado.

Para uma criança, sozinha em um quarto escuro, restavam agora apenas os dois bamboleantes pontos vermelhos no horizonte que, logo mais, sumiriam em uma esquina qualquer. Então, eu voltava para a cama, e com os olhos fechados sonhava estar dentro do carro. Naquele balanço, eu dormia novamente.

O HOMEM QUE AJUDAVA

"Nenhuma teoria ou ciência do mundo ajuda tanto uma pessoa quanto um outro ser humano que não tem medo de abrir o coração para o seu semelhante."

Elisabeth Kübler-Ross, M.D. – A Roda da Vida

Era quarta-feira. Meu pai, sentado à mesa e com o calendário na mão, me chamou.

— Emílio, está vendo aqui. Hoje é dia oito de setembro. Está vendo? Cada grupo de dias tem uma lua e a lua vai mudando com os dias. Olha aqui. Está vendo essa lua redonda e branca? Essa é a lua cheia. Isso quer dizer que no sábado agora, que é dia onze, vai ter lua cheia.

— Então vai ser um bom dia para pescar?

— Isso mesmo, Emílio. Vai ser um bom dia para pescar.

Eu queria acreditar que o sorriso satisfeito de meu pai espelhava minha esperança de acompanhá-lo na pescaria. Essa sensação bastava para tranquilizar meu coração.

No dia seguinte, depois do trabalho, ele chegou em casa, tirou os sapatos e calçou os chinelos. Mais à vontade, sentou-se ao lado do telefone e começou a ligar para os amigos. Quem vai de carro, quem leva a bebida, o que vão comer, que horas saem, e os detalhes menores como o tipo da isca e o anzol. De amigo em amigo, ele organizava tudo.

Com o roteiro definido, meu pai iniciava um ritual. Primeiro, abria suas maletas de pescaria. Conferia se estava tudo certo. Verificava as linhas, o peso do chumbo e o tamanho da boia. Pensava em cada amigo e no tipo de peixe que gostava de pescar. Lambari, bagre, jundiá, piava. Para cada peixe, o preparo da vara era diferenciado. Claro, ele só fazia isso para os amigos que não tinham vara de pescar, mas até os que tinham gostavam desse capricho.

Na sexta-feira à noite, o lanche, as sacolas, as maletas de pesca e as varas – amarradas por uma borracha – ficavam ao lado da porta da cozinha. Tudo pronto para sair. Depois, ele jantava e ia se deitar para experimentar um sono justo e tranquilo.

Naquela noite meu coração batia mais acelerado. O sono demorou a chegar e talvez nem tenha chegado. Como num devaneio que se dissolve sem deixar vestígios, abri os olhos na dúvida de que tinha realmente dormido. Me espantei ao imaginar que talvez o dia já tivesse raiado e que seria tarde demais para o meu despertar. Fiquei tranquilo quando ouvi o ranger do assoalho no quarto ao lado.

Uma moldura de luz contornava a porta do meu quarto fazendo dela um portal para outra dimensão. Fiquei lá, quieto, inquieto, na verdade, aguardando o chamado. Pelo som dos passos, meu pai caminhava para o telefone. A voz rouca e grossa agora falava sozinha. Frases curtas e diretas. Um pequeno silêncio, mais algumas frases. Era ele ao telefone, ligando para acordar os amigos e organizar os últimos detalhes.

O aroma do café recém-coado começava a perfumar a casa. As vozes deixavam de ser sonolentas e solitárias. Aos poucos, o dia parecia começar com mais intensidade. Então, ouvi a voz de minha mãe:

— Você vai chamar o Emílio?

Não me lembro se foi em um salto ou se me levantei da cama antes de minha mãe terminar a frase. Quando meu pai abriu a porta do quarto eu já estava vestido e pronto para sair. E ele estava ali, emoldurado pela luz que vinha da sala, alto, magro, com o cabelo bem penteado, os fios arrastados para trás. A camisa branca, surrada, tinha as mangas dobradas até o antebraço. A calça marrom combinava com os sapatos que eram da mesma cor. Havia um sorriso tímido e um olhar tão empolgante que senti nele a mesma vibração que ecoava no meu rosto ainda inchado.

Tomei uma xícara de café com leite e comi uma fatia de pão com manteiga, ambos preparados por minha mãe. De barriga cheia, recebi o beijo, o casaco, os últimos conselhos e segui meu pai, carregando uma sacola não muito pesada para um garoto de sete anos.

O Corcel dobrou a esquina no tempo calculado pelo meu pai. Parou bem em frente ao portão. O motorista era Leonel. Sujeito forte, alto, de rosto redondo. O chapéu de palha arredondado e com abas curtas, deixava seu rosto mais cheio do que já era.

— Oh, Geraldo! Hoje vamos ter pescador novo no Roladô? – brincou Leonel.

Entrei no banco de trás do carro e me acomodei entre outros dois amigos. Leônidas, um homem tão alto quanto meu pai e muito mais gordo. Eu já o conhecia de outras visitas lá em casa. Mas o Cláudio, era a primeira vez que eu o via. Parecia o mais velho de todos, tinha um rosto marcado pelas rugas e bigode amarelado. Ele cheirava a fumaça.

Fiquei sentado no meio sem ter muita chance de olhar para fora. Vi a cidade passar pelo topo dos telhados das casas vizinhas, depois, pela fiação dos postes de luz e, por fim, pelas copas das árvores que parecia um extenso e verde rio. À frente, o horizonte brincava com meus olhos naquele breu que ameaçava trocar de cores enquanto ainda se permitia ser noite pelo brilho tímido de algumas estrelas.

A conversa ficou animada e bagunçada, de repente. O que falavam, não era interessante para mim, mas era bom estar ali. Lembrei da lua cheia, olhei para os lados, porém não a encontrei. Pensei então no Roladô. Meu pai nunca havia falado deste rio. Eu sabia do rio Itararé, do rio Verde, do rio Jaguariaiva e do Jaguaricatú, mas Roladô?

— Coloca uma música Geraldo – gritou o Leônidas esticando o braço por cima de mim e tocando no ombro de meu pai.

O cassete já estava engatilhado no toca-fitas. Com um pequeno empurrão, ele entrou e se encaixou na engrenagem. Play. A viola começou a tocar no meio do verso. A cantoria no carro se tornou a manifestação da mais pura alegria. À frente, o horizonte agora abandonava de vez o véu escuro e deixava as cores quentes preencherem o abismo da escuridão. Era sinal de que o Sol estava nascendo. Na rodovia, o velho Corcel avançava, determinado. Pela primeira vez, eu seguia para um lugar mais distante de casa do que jamais estivera.

Eu me lembro do sorriso de meu pai, da sua expressão cantando as modas de viola, da voz grossa e grave e do olhar despreocupado no banco do passageiro. A estrada ganhava cores mais quentes ao mesmo tempo em que a luz afastava até as mais escondidas sombras. Não consigo descrever a sensação, mas a fotografia que tenho de meu velho pai naquele dia ficou gravada em mim como uma marca de ferro quente no coração.

A calmaria da madrugada logo foi atropelada pela agitação do dia. Caminhões, ônibus de viagem, carros, carroças. A pista simples agora parecia um grande quebra-cabeças onde cada um se encaixava no limite do outro, tentando não ser engolido ou empurrado para fora do trajeto. Até a cantoria diminuía na tensão de uma ultrapassagem, de uma curva mais fechada, ou no balanço do vácuo provocado pelas grandes carretas que rasgavam o asfalto no sentido contrário, à minha esquerda.

Foi de repente. Se estabeleceu um silêncio muito espontâneo ao mesmo tempo em que a fita saltou do rádio, indicando que havia terminado de tocar um dos lados. A curva foi bem fechada e eu me senti esmagado pelo Leônidas, que se agarrava no banco do motorista na tentativa de não me espremer ainda mais. Leonel aproveitou um pequeno hiato no trânsito da pista contrária e atravessou a rodovia sem diminuir a velocidade. Só freou o Corcel quando chegou ao limite. Havia um pequeno degrau que anunciava a diferença de altura entre o asfalto e o acostamento. Naquela transição tão rápida e quase imperceptível aos meus sentidos, perdi a noção de que alguns segundos podem nos transportar de um lugar a outro.

O som furioso das carretas atrás de mim logo se perdeu quando o roçar macio do capim varreu o assoalho por baixo do carro. Estávamos em uma estrada de terra lisa e fofa, como um tapete. A vegetação rasteira indicava que o caminho era pouco utilizado. O mato ficava mais alto na margem e, em partes, escondia a cerca de arame que corria paralela por toda a extensão da estrada. Em outros trechos, a terra subia em barrancos enormes que levavam a divisa para além de meus olhos. Nas colinas em declive, sempre havia uma abertura na lateral, uma espécie de bolsão para receber a água das chuvas e evitar a erosão. Mesmo assim, estar em alguns lugares era como atravessar uma corda bamba com as rodas do carro se equilibrando sobre as canaletas cunhadas pelos pequenos filetes de água que insistiam em percorrer outros caminhos.

Depois de uma longa distância e uma boa dose de balanço, o carro parou. Ao descer, senti as pernas formigarem. Tive uma sensação de relaxamento. Eu havia estado tenso até aquele momento e não percebi.

Aquele parecia ser o alto de uma longa colina. Havia uma cortina de árvores que serpenteava a terra fazendo um contraste de cor e de altura com uma lavoura de soja. Não havia sinal de rio algum por ali.

— Filho, nós vamos caminhar um pouco, então fique perto do pai.

Partimos em uma trilha por entre as árvores. O orvalho da manhã ainda estava fresco. Meu pai, com um facão, desbravava alguns galhos que travavam o caminho.

— Por que vocês chamam esse lugar de Roladô? – perguntei, ainda indagado com o nome.

— Logo você vai descobrir – respondeu Cláudio.

O som da água corrente despertou sutil em meus ouvidos. Embaralhado com o balançar das copas mais altas, havia agora uma dança contínua no ar. Aos poucos, a constante se tornou correnteza e eu já podia ouvir o som do rio tão claro como se pudesse avistá-lo dali. Havia, ainda, um pequeno trecho de trilha para vencer, um ápice no fim íngreme daquela colina. O sol já clareava mais forte. Eu olhava para cima e a todo instante tinha a sensação de que, ao atravessar aqueles poucos metros e aquelas que pareciam ser as últimas árvores, chegaríamos ao quintal de uma casa ou de uma rua qualquer da nossa cidade.

— A corda, quem está com a corda? – gritou Leonel que já havia cruzado aquela fronteira imaginária.

Caminhei ao lado de meu pai até o topo, até o limite daquela colina. Do outro lado, a ladeira era muito mais acentuada e terminava em uma margem que parecia pequena diante da imponência do rio Itararé. Me senti vulnerável ao pensar que deveria descer. Ao mesmo tempo, quando percebi a delicadeza de uma árvore que crescia robusta, exatamente no ponto que dividia os dois lados da colina, entendi que na natureza tudo é equilíbrio. Aquela árvore havia se esticado muito mais alto que as outras. No barranco, do lado do rio, suas raízes saíam para fora da terra como se ela estivesse se agarrando com os dedos para não cair para trás. Lá de cima, ela teria uma vista privilegiada do rio. Assim, como um rei e uma rainha, rio e árvore se conectavam como uma coisa só. Aquele lugar era o que meu pai e os amigos dele chamavam de Roladô.

Leonel amarrou uma corda nessa árvore e depois desceu pela trilha escorregadia e inclinada, carregando parte dos equipamentos e sacolas.

Descer foi mais fácil do que parecia e olhar para cima deixou as coisas menos perigosas aos meus olhos. A margem do rio também não era tão estreita assim e dava para caminhar com segurança. Meu pai logo me instalou em uma das barrancas. Fiquei sentado em um banquinho acompanhando-o com meus olhos. Em passos tranquilos, ele seguia em direção aos amigos levando junto algumas varas, latas com iscas e uma sacola de pano pendurada no ombro. A cada parada, uma conversa e dedos que apontavam para o rio. Depois, deixava um pouco das iscas e seguia adiante. Só quando acomodou o último amigo é que ele voltou para perto de mim.

— Essa aqui eu preparei para você.

Meu pai entregou uma vara de pescar um pouco menor e mais leve – se comparada com a que ele usava. Desenrolou a linha, me mostrou o anzol, fisgou a isca e me ensinou a pescar. A mão de meu pai junto à minha, naquele momento, à beira daquele rio, me fez importante. Seria impossível descrever em palavras o que eu senti naquele instante. Tenho certeza de que vi a singela expressão de feliz no rosto de meu pai.

Talvez esse tenha sido, para mim, o primeiro grande exemplo de que a felicidade é servir. Só é feliz quem proporciona a felicidade para o outros.

Depois de me ensinar a pescar, ele se deu o direito de se acomodar. Andou alguns metros para baixo e arremessou sua linha para longe, lá no meio do rio. Depois, sentou-se no banquinho e fixou o olho na boia.

Fiquei ali, a observá-lo. À beira daquele rio dourado, com o sol ardendo cada vez mais forte em busca do zênite, vi meu pai quieto e tranquilo, ciente de que havia ajudado e feito o melhor para que todos pudessem se divertir. O admirei mais que qualquer coisa. Naquele instante, nasceu em mim um propósito.

— Quero ser igual ao meu pai!

PACIÊNCIA É UMA VIRTUDE QUE SE CONSTRÓI LENTAMENTE

"A paciência, necessária apenas onde é preciso suportar males, não será eterna, mas será eterno o termo a que se chega pela paciência."

Santo Agostinho – A Cidade de Deus, Volume II

O sol, no pino do dia, brilhava resoluto. A luz, que antes dourava, agora prateava as águas. Havia uma pequena irritação aos olhos e à paciência. A quietude da manhã só era interrompida quando um peixe era fisgado. Então, em interferências rápidas, cada um dos amigos se manifestava em incentivo ou comemoração. Tão logo o peixe chegava ao samburá, retornavam ao silêncio e ao isolamento daqueles seus pequenos mundos. Para mim, a grande aventura recuava à beira do tédio. Meu pai não parecia preocupado com o placar, mas eu estava começando a achar que havia me metido em uma tremenda enrascada. Nem eu nem ele havíamos pescado um peixe sequer.

Foi assim durante toda a manhã. Meu pai colocava o anzol na água, descansava a vara de bambu no seu colo e ficava observando a boia na lenta ondulação das águas, atento a qualquer sinal de que um peixe tivesse mordido a isca.

Eu tentava imitá-lo naquela constante e quase indiferente monotonia, mas sem perceber, com uma frequência cada vez mais alta, retirava a vara do rio e conferia se isca ainda estava no anzol. Já havia aprendido a trocar as iscas, então, sempre que uma minhoca ficava muito pálida, eu logo a substituía, imaginando que assim os peixes poderiam enxerga-la melhor.

— Joga um pouco de farelo de milho na água.

Atendi o pedido de meu pai no automático. Parte do farelo que não era levado pelo vento, caía no rio, boiava algum tempo e se espalhava pela correnteza. Às vezes, uma vibração parecia ser um peixe, outras, um movimento suspeito. E nada da boia afundar! O que eu queria mesmo naquela hora era arremessar algumas pedras no rio só para ouvir o barulho.

Meu pai continuava concentrado. Horas a fio. Ele tentava uma vez, esperava, retirava a linha do rio, ajustava a altura do chumbinho, depois a da boia, jogava de novo e tentava mais uma vez. Trocava a isca, puxava a linha para perto da margem, depois a lançava para longe, mas nada de peixe morder o anzol.

— Pai, não acha melhor procurar outro lugar para pescar? Aqui não tem peixe!

— O peixe que nada alguns metros acima é o mesmo peixe que nada alguns metros abaixo, Emílio. Tenha paciência, logo eles vão aparecer.

Calor. Cansaço de uma noite mal dormida. O corpo começava a cobrar uma dose de reforço na adrenalina. Olhei para a boia, para o outro lado do rio, para as árvores e para o horizonte acima delas. As colinas se desenhavam num infinito entre o céu azul e o verde desbotado. Assim fiquei. Quieto. Impaciente, mas quieto.

— Humpf! – esbafori sem perceber.

Meu pai retirou a linha do rio pela última vez. Conferiu o anzol e o prendeu na vara. Depois, encostou em um arbusto mais alto e, com a dificuldade comum de quem fica muito tempo sentado, levantou-se do banquinho. Esticou os braços para o alto, puxou a coluna com o pescoço numa espreguiçada confortável e soltou um gemido muito mais alto que o meu. Olhou para mim com um sorriso simples e eu retribuí.

Caminhou até o isopor que estava debaixo de uma árvore, ainda no conforto de uma sombra fresca, e o abriu. Retirou alguns sanduíches e bebidas. Foi na direção dos amigos e, um a um, os serviu. A cada parada uma comemoração, uma retirada do samburá da água e uma risada despreocupada. Ele estava feliz com a felicidade dos amigos.

Quando voltou, caminhando lentamente, parou de novo no isopor e retirou outra sacola. Sentou-se ao meu lado e me entregou um sanduíche que ele mesmo havia preparado. Depois, abriu uma garrafa de refrigerante, uma gasosa vermelha, e me serviu.

Comemos ali, sentados sob sol, olhando para o rio.

— Sabe filho, o dia que você passa pescando não conta na sua existência, e você ainda ganha mais um dia de lambuja.

Tão sereno quanto o movimento daquelas águas, ele falou e silenciou. E foi na quietude de seus pensamentos que eu entendi seu jeito simples de pensar a vida. Como se uma brisa refrescasse minhas bochechas vermelhas de calor, e então eu contemplei um pouco daquele silêncio. Senti o rio, o canto das aves, o vento... Os ruídos dos meus pensamentos desapareceram por alguns incríveis momentos. Não sei quanto tempo, mas o suficiente para não ter percebido que meu pai havia voltado para seu banquinho e que já estava mais uma vez a pescar.

A paciência era uma virtude muito bem edificada em meu pai. Ele compreendia que a pesca era a soma do tempo, da dedicação e da perseverança, sem a garantia de que haveria qualquer resultado positivo. Ele entendia que querer controlar a natureza dos peixes era algo impossível. Por isso, se colocava disposto a esperar pelo momento ideal para fisgá-los e mantinha sempre acesa a esperança de que isso fosse acontecer logo.

— Emílio, Emílio. Peguei um! Peguei um!

Seu entusiasmo vibrou por todo o rio. Eu fiquei de pé, torcendo para que ele conseguisse logo tirar aquele peixe da água. E, querendo que fosse um grande espécime, eu agarrava minha vara de pescar como se estivesse prestes a ser arrastado pela força da dele. A luta era puxar e soltar para cansar o coitado do animal. Eu imitava seus movimentos como se isso o ajudasse de alguma forma.

Quando o peixe saiu do rio e finalmente foi tirado do anzol, meu pai o tomou nas mãos, olhou para cima e fechou os olhos. Depois de um pequeno silêncio, o devolveu à água. Eu, perplexo, perguntei:

— Pai, demoramos tanto para pegar o primeiro peixe e o senhor o soltou? Por que fez isso?

Ele calmamente respondeu:

— Filho, essa é uma pequena prece e uma homenagem que fazemos aos falecidos pescadores. Ao pegar o primeiro peixe do dia, devolvemos ele à natureza em sinal de gratidão e respeito. A natureza é muito pródiga com todos. E os grandes pescadores falecidos, precisam ser lembrados.

Admirado com aquela ideia, relaxei e me sentei.

Agora, os gritos e a alegria estavam alguns metros abaixo, na margem daquele mesmo rio. Para cima, restava o tédio de quem já havia comemorado. Não era raro olhar para lá e ver que Leonel procurava um lugar mais próximo da gente, ou perceber que o Cláudio buscava um local diferente, em dúvida sobre se levantar ou continuar sentado. Lembrei da resiliência de meu pai. Ficar no mesmo lugar começava a trazer resultados.

Foi assim, me mantendo com a mesma determinação dele, que eu também pesquei meu primeiro peixe. O empuxo da vara foi um choque que correu pela linha, atravessou meus braços, meu dorso e parou na minha nuca. Meu coração parecia querer explodir e o primeiro impulso que eu tive foi o de puxar com muita força, a maior força que uma criança poderia ter, e evitar que a vara fosse arrancada de minhas mãos.

A mistura de pânico e felicidade se fundiu com o início de um medo do desconhecido. Naquele fragmento de tempo, eu tive a chance de entender que enfrentava algo escondido, oculto na água turva. Aquele momento seria uma experiência que eu nunca mais vivenciaria. Porém, quem quer que estivesse me olhando, veria apenas um garoto assustado.

Tive o tempo de me levantar do banquinho e firmar os pés à frente para manter o equilíbrio antes de perceber que perderia o controle naquela luta. Foi então que senti as mãos de meu pai em meus ombros.

— Segura firme, filho.

Apertei as duas mãos com tanta força que senti o peixe na outra ponta. Eu podia vê-lo, mesmo estando submerso. Me senti mais forte que ele e acreditei que poderia vencer aquela batalha.

Lutei como um menino de sete anos para tirar aquele peixe da água. Arrastei a linha para a beira da margem, esbravejando palavras em resposta ao incentivo de meu pai, que nessa hora já estava quase dentro do rio com o samburá.

Quando o peixe apareceu, rápido como um gato, meu pai o apanhou e o tirou do rio. A vara então ficou leve, e enquanto minha presa se debatia numa desesperada tentativa de voltar ao rio, eu respirava ofegante.

— Pronto, aqui está o seu primeiro peixe. Vou te mostrar como você retira o anzol e os próximos você vai fazer sozinho.

Tudo parecia tão simples, tão fácil e perfeito. Não havia mais sono, tédio ou calor. Meu sorriso se alargava em resposta aos gritos de incentivo dos amigos do meu pai. Naquele momento, nada mais importava além daquele rio. O que aprendi, alguns minutos atrás com meu pai, eu repeti com meu primeiro peixe. Com ele em minhas mãos, olhei para cima, fechei os olhos por um momento, e depois o soltei de volta na água. Fiz isso com um pouco de preocupação, é verdade. Seria aquele o maior peixe do dia? Ou talvez o único? Com muito carinho, todos riram da minha atitude.

Até hoje, em todas as minhas pescarias, o primeiro peixe é devolvido e eu aproveito para compartilhar essa história com meus amigos de pesca. A lembrança daquele gesto e daquelas palavras permanece viva em minha mente. Homenagear os pescadores que já se foram sempre me leva a reencontrar meu querido pai e a reviver as lembranças daqueles dias tão especiais.

Naquela tarde de sábado, a expressão de alegria no rosto de meu pai transparecia o sentimento de gratidão e de homenagem a cada momento que permeava nossa aventura.

— Eles parecem mais felizes do que eu! – falei ainda afobado.

— É que a felicidade para eles, Emílio, está em ver os outros felizes. Agora vamos de novo. Tenho certeza de que ainda vamos pegar muitos peixes.

Ao olhar para os amigos de meu pai, cada um deles absorto em seu mundo particular, postados à beira de um pedaço de terra na margem do rio, compreendi que a verdadeira felicidade não era ficar sempre pulando de alegria sem ter problemas. A felicidade é um estado de espírito que aparece quando conseguimos encontrar alegria e satisfação, mesmo quando as coisas estão difíceis. Ser feliz é aprender a aceitar o momento presente, valorizar as coisas pequenas e buscar um sentido mais profundo para a vida. É uma mistura de se permitir sentir coisas boas e ter força para enfrentar os desafios que aparecem. Quando cultivamos a gratidão, a compaixão e nos conectamos com os outros, a felicidade pode florescer.

Isso era uma lição de vida: descobrir que ser feliz não é chegar a algum lugar específico, ao contrário, é vislumbrar o etéreo que atravessa a vastidão de nossa existência como um lampejo luminoso que, apesar de sua brevidade, emana uma luz tão intensa que parece ecoar para sempre. É um instante efêmero que se sobressai na linha do tempo que se estende desde o nosso nascimento até a morte, onde a ressonância em nosso coração torna-se, paradoxalmente, um fragmento de eternidade.

Como se fosse profecia, pescamos! Agora parecia haver abundância de peixes. O mesmo lugar que horas atrás era deserto de vida, agora estava repleto dela.

Em um piscar de olhos, o sol escalou demais pelo céu e, pairando majestosamente sobre a colina atrás de nós,.indicava no rio uma cascata dourada que espelhava a luz do entardecer.

A voz do meu pai interrompeu aquela tranquilidade.

— Hora de guardar nossas coisas, pessoal. Precisamos pegar a estrada.

Resisti com um muxoxo descontente.

— Mas, pai, agora que estamos pegando bastante peixe... Não podemos ficar um pouco mais?

Com a paciência de um pescador experiente, meu pai respondeu:

— Temos uma longa estrada pela frente. É prudente chegarmos à cidade ainda durante a luz do dia.

A conduta de meu pai era permeada pela prudência e pela ponderação, qualidades inerentes de um líder iluminado. A prudência é uma bússola imaterial e sagrada que orienta nossas decisões ao longo da vastidão de nossa jornada. Ela nos guia com segurança de volta para casa. A prudência sussurra ao vento, lembra-nos do desgaste de nossos corações e da rugosidade do caminho. Delicada, pede, insistentemente, que respeitemos tanto a terra quanto nossas próprias limitações. A ponderação, por outro lado, é o timoneiro silencioso da nossa alma. Com mãos sábias e suaves no leme da vida, harmoniza o ritmo de nossa viagem com o sopro das marés e as sutilezas do clima.

Juntas, essas características tecem um manto de segurança que envolve a todos. Ressoam um bem-estar profundo que se sintoniza com o pulsar do universo. A união entre a prudência e a ponderação é uma dança sagrada, um bailado que se reflete na quietude da natureza e no eco das estrelas. Estrelas essas que começavam a brilhar no crepúsculo que se anunciava. O carro parou em frente à venda do seu José. Os adultos tomaram cerveja, e eu, uma gasosa. Repartimos um pedaço de linguiça defumada e mantivemos o assunto sobre o sucesso do novo pequeno pescador.

— Aí, Geraldo! Agora que o Emílio se mostrou um grande pescador, você não vai mais precisar da gente – disse Cláudio.

— Pois é, esse menino tem talento. Conseguiu pegar mais peixe que você, hein Geraldo – brincou Leonel.

— Esse garoto é meu orgulho. Tem só sete anos, mas já é um grande homem!

Meu sorriso devia atravessar a rua de tão largo que se fazia. Naquele momento, eu já estava confortável para conversar com os adultos, mesmo assim, meus pensamentos não eram tão rápidos para traduzir o que eu sentia. Hoje, eu sei o que eu queria responder àquela frase – "igual a você, meu pai" –, mas entorpecido de tanta alegria, guardei esse sentir abstrato em meu coração.

Quando chegamos em casa, eu reencontrei minha mãe com um abraço carinhoso. Percebi que aquele dia havia passado de uma forma tão incrível que parecia ter sido um sonho. Foi então que eu entendi a magia e percebi que aquele havia sido um dia fora da minha existência, um dia que ficou marcado para sempre no meu EU.

O DESEJO DE AJUDAR

"Carregamos sem saber, pedacinhos, retalhos de seres humanos com os quais convivemos. Todos somos magnetizáveis e também magnetizamos, imantamos."

José Luiz Tejon – Guerreiros Não Nascem Prontos

Em casa, distante da beira daquele rio tranquilo sob o céu vasto e luminoso, mergulhei na profundeza das águas da existência. Uma existência onde cada momento é uma pesca – às vezes pacífica, às vezes tempestuosa – sempre significativa. A cada linha que lançamos, em cada peixe que pescamos, descobrimos uma verdade mais profunda sobre nós mesmos e o mundo ao nosso redor.

Passei a ponderar sobre a fluidez da vida que, como o curso de um rio, independentemente de sua velocidade ou direção, sempre segue para o oceano. Com a paciência do pescador, eu devo aprender a aceitar os caprichos da vida, entender que ela possui seu próprio ritmo e seus próprios segredos. Não é nosso papel dominar a natureza, mas sim coexistir com ela, aprender com ela.

Como um jovem aprendiz, fui apresentado ao valor da paciência, da perseverança e da simplicidade. Cada peixe fisgado não foi apenas um triunfo físico, mas também uma conquista espiritual. Em cada luta, em cada vitória, vi a realização de um rito de passagem. Ao aprender a pescar, aprendi também sobre a natureza da vida, sua imprevisibilidade, sua beleza e sua imensidão.

Eu estava tão exausto que mal conseguia manter os olhos abertos. Ficava perplexo com o vigor e o entusiasmo de meu pai. Embora a pesca do dia já tivesse sido distribuída entre os companheiros, ainda tínhamos muito peixe fresco.

Meu pai não só vivia, ele celebrava cada momento, cada conquista, grande ou pequena. No tempo dele, com uma cervejinha, o avental e a caixa de isopor nos braços, desenrolava seu caminhar lento e despreocupado até o tanque. Ali, uma lâmpada pendurada por um fio iluminava o ambiente limpo e rude. A mãe, ao lado dele, já começava a preparar os pacotinhos. Ele tirava as escamas e a barrigada, depois cortava a cabeça e o rabo, e, por fim, quando os peixes estavam bem lavados, mamãe guardava os filés nos pacotes.

Eu assistia a uma primeira manifestação da verdadeira essência do compartilhar. Embora nossa geladeira tivesse um daqueles congeladores internos, a intenção de meus pais era distribuir pela vizinhança pequenas porções de filés de peixe frescos e limpos.

Testemunhar a gratidão de nossos vizinhos ao receber esses pacotes, a simples felicidade que emanava desse pequeno gesto, plantava em minha mente o significado de ajudar. A generosidade de meu pai me mostrou que a ajuda nasce da vontade sincera de aliviar o fardo dos outros, sem a expectativa de reciprocidade ou reconhecimento.

E assim como a pesca, a vida também é sobre compartilhar e ajudar. O peixe fisgado não pertence apenas ao pescador, mas a todos aqueles que se reúnem para celebrar a captura. É a alegria verdadeira que não está apenas em receber, mas também em dar. Está em dividir nosso sucesso e nossas conquistas com aqueles que caminham conosco. Nesse compartilhar, encontrei a verdadeira riqueza da vida: a conexão, a comunidade e o amor.

O dia de pesca que não conta na nossa existência, como o pai sabiamente disse, é na verdade o dia que mais conta. É o dia que, embora etéreo e fora do tempo, ressoa em nosso Ser, molda nosso caráter e enriquece nossa alma. Cada dia de pesca é um dia a mais de vida, um dia a mais de aprendizado, um dia a mais de amor.

E eu percebi que essa lição seria para a vida toda.

Quando eu ia à beira de um rio com uma vara de pescar em minhas mãos, pensava não apenas no peixe que desejava fisgar, mas na aventura em que estava prestes a embarcar. Pois na pesca, assim como na vida, não é o destino que importa, mas a jornada.

Cada peixe que eu fisgava, cada momento que eu compartilhava, cada silêncio que apreciava, eram pedaços de eternidade que eu estava tecendo em minha existência. Não se trata de contar os dias, mas de fazer com que os dias sejam dignos de serem contados. Não se trata de pescar peixes, mas de pescar momentos. Em cada momento, eu descobria uma nova dimensão de mim mesmo, uma nova dimensão da vida.

Ao lançar a linha na vastidão do rio da vida, é preciso estar pronto não apenas para capturar, mas também para ser capturado pelo encanto do desconhecido, pela beleza do momento e pelo amor do compartilhar.

Deitado em minha cama, enquanto o breu da noite se infiltrava pela janela, senti uma profunda sensação de plenitude e, paradoxalmente, um vazio. Embora meu pai estivesse a apenas alguns metros de distância, eu sentia faltadele. Desejava ir até seu quarto, dar-lhe um último abraço antes de dormir. Quem sabe, na dimensão dos sonhos, eu tenha feito essa jornada e, de alguma forma, o tenha encontrado.

Envolvido pelo som de um suave rio imaginário que corria na minha mente, gentilmente me deixei levar por um sono cada vez mais profundo e restaurador. O barulho das tábuas, o brilho suave da luz que escapava pelas frestas da parede, as vozes tranquilas de meus pais, tudo se fundia em uma melodia que me embalava para o sono, um sono repleto de sonhos inspirados pelo amor e generosidade de um homem que eu tinha o orgulho de chamar de pai.

Naquele dia eu compreendi que a vida, como um rio, é um fluxo de momentos valiosos, onde a sabedoria nasce da paciência, a conexão nasce da partilha, e onde o sonho é a semente que traçará o destino em uma melodia silenciosa, guiando-nos através da turbulência e da tranquilidade em direção ao mar infinito que é o futuro.

UM SALTO QUÂNTICO

"O momento presente, como uma semente, compreende todo o desenvolvimento, tudo o que teremos e tocaremos e está dentro de nós."

Victor Vallerini – Escola do Ser

De vez em quando me deparo com a sensação de que uma extensa e relevante parcela de minha existência foi resumida a um breve instante. É como se toda a minha vivência, minhas sensações e emoções durante um longo período, tivessem sido compactadas em um singular pulo quântico de compreensão, condensando toda uma jornada em um único ponto.

Embora seja uma maneira poética para explicar essa sensação, isso me faz ponderar sobre como nossa mente registra as memórias e a passagem do tempo. Às vezes, as lembranças de um fragmento da minha vida se tornam tão intensas e significativas que parecem ultrapassar o tempo e se mesclam em um único sentimento. Parece que minha percepção do tempo é moldada pela profundidade e intensidade das emoções, criando uma espécie de ilusão temporal.

Recordo-me de minha mãe na sua rotina em Itararé, um pedacinho escondido de São Paulo. Paula sempre foi daquelas que venciam o sol antes de ele nascer. O toque do despertador às quatro da manhã era só o começo. Antes que o mundo acordasse, ela já estava lá, preparando o café no velho coador de pano, driblando o sono enquanto a garrafa se enchia gota a gota.

Professora dedicada, Paula carregava orgulhosamente sua bolsa e sua pasta que transbordavam de materiais. Pontualmente, todas as manhãs, um veículo do governo parava diante da nossa casa uma hora depois da jornada matinal de minha mãe ter se iniciado. Enquanto a cidade ainda se espreguiçava com a luz suave dos primeiros raios de sol e com o aroma da fumaça do fogão à lenha que escapava das chaminés da vizinhança, minha mãe embarcava em silêncio ao lado de um motorista de poucas palavras.

Dali até chegar antes do último trecho de sua jornada, a estrada era pavimentada. Adiante, era sempre uma aventura. Em um jipe, às vezes um trator, e em dias realmente únicos, montada a cavalo. O fim do trajeto era marcado pelo encontro com uma casa modesta, com paredes de um cimento amarelado, tingido pela terra meio avermelhada. As janelas, duas abas de madeira desgastadas pelo tempo, e uma porta azul sempre acolhedora, sempre aberta. Ali, minha mãe esperava os alunos, que surgiam de todas as direções.

Uns pela estrada, outros a cavalo. Alguns até atravessavam um vasto campo de milho para chegar lá. E, quando o relógio marcava sete e meia da manhã, a sala se enchia com o som do giz branco de Paula traçando as vogais no quadro negro. Enquanto ela pronunciava cada som, seus alunos, ansiosos, replicavam no mesmo tom.

A história de minha mãe poderia muito bem ter sido narrada em um livro de contos de fadas. Seu pai, Lourenço, representava a prosperidade e o respeito em Itapeva. Uma família com raízes francesas, que haviam fincado seu legado no Brasil décadas antes, no início do século XX, e que agora compunha o pano de fundo de um cenário de riquezas.

Meu avô era homem de visão e de negócios. Detinha a posse de dois postos de combustíveis e era um dos pioneiros na revenda de veículos da Ford e da Chevrolet na região. Além disso, grandes extensões de terras pertenciam a ele. Ostentava seu sucesso com um *Chevrolet Special Deluxe Coupé*, com a casa localizada na praça da cidade e com um motorista particular que atendia a família.

Lourenço Dias se casou com Petronilha Fogaça e tiveram apenas filhas mulheres. Cada uma das cinco filhas de meu avô tinha uma ama seca. A de minha mãe era a Leo. Até seus dezessete anos era a Leo quem penteava seus cabelos, lhe servia a comida, ajudava a vestir-se e a acompanhava em seu banho.

Certo dia, em novembro de 1953, meu avô Lourenço se sentiu mal e caiu. Apenas minha mãe, ainda solteira, estava em casa. Em coma, ele permaneceu dois meses no hospital. No dia 28 de janeiro de 1954, não resistiu às sequelas do infarto e faleceu. Como herança, deixou um legado de propriedades e uma armadilha.

A morte, súbita, acionou um redemoinho financeiro que puxou para baixo tudo o que Lourenço Dias havia construído.

Com a falta de conhecimento e discernimento sobre sua situação financeira, Dona Miloca, como minha avó Petronilha era chamada, acabou se perdendo na administração dos negócios. Havia registros de todos os investimentos e de dívidas, de curto e longo prazo, anotados em cadernos. O problema é que apenas meu avô sabia como interpretá-los.

Dona Miloca fez o que lhe pareceu óbvio. Recebeu credores preocupados com empréstimos que seriam pagos a longo prazo e os pagou à vista. De oportunistas, recebeu a cobrança de dívidas que já haviam sido quitadas e as pagou novamente. Assim, dois anos depois, as empresas que representavam o império da família Dias em Itararé, agora pertenciam a outros sobrenomes.

Da mesma maneira se foram também as terras, e com o pouco que sobrou, Dona Miloca pagou e dispensou cada um dos empregados. Sem dinheiro algum, deu seu último adeus à casa em que viveu. De pé, na calçada, com uma pequena mala de roupas, deixou para trás uma vida de sonhos para viver seus últimos anos transitando entre as casas das filhas e dos genros.

Meu pai, Geraldo, antes mesmo de começar a namorar minha mãe, já trabalhava meio período como escriturário na Secretaria de Saúde do Estado. A unidade médica da cidade de Itararé, que já havia sido chamada de "dispensário da lepra", era o entreposto que recebia, distribuía e controlava os medicamentos enviados pelo governo estadual para as pessoas com hanseníase. Lembro muito bem do cuidado e do carinho com que meu pai assistia os doentes. Havia muito preconceito e era comum que eles fossem chamados de hansenianos, um termo que, como leproso, deixou de ser usado há muito tempo.

À tarde, ele fazia um trabalho extra em um escritório de contabilidade da cidade. Dono de uma caligrafia incomparável, imprimia nos livros um capricho impecável e majestoso. Era um exímio datilógrafo e extremamente habilidoso com cálculos. Ele havia estudado somente até a quarta série do primeiro grau, mas seu entendimento do mundo era profundo e nascido da experiência.

Paralelo a esses dois empregos, encontrava tempo para ajudar a organizar as finanças e a contabilidade do único hospital da cidade de Itararé. Durante o dia, ele passeava entre as agências bancárias para coletar extratos e avisos, fazer depósitos e realizar saques para o pagamento de médicos, funcionários e prestadores de serviço do hospital. O trabalho na entidade beneficente Santa Casa da Misericórdia de Itararé se estendia durante algumas noites da semana. Todas as finanças, recebimentos e pagamentos passavam pelas mãos habilidosas e pelos cálculos precisos de meu pai.

Sem ter um carro, e na vantagem de viver em uma cidade pequena, ele caminhava o dia todo. De banco em banco, de trabalho em trabalho, sua rotina profissional se equilibrava entre os constantes encontros com amigos e as boas doses de conversa. Foram vinte e oito anos de trabalho voluntário e gratuito. Meu pai dizia que essa era a forma que ele havia encontrado de retribuir o muito que tinha recebido em sua vida.

Me espelhei nele ao escolher minha formação como contador. A maneira organizada e metódica com que conduzia seus trabalhos e a alegria com que executava os cálculos, cuidava das finanças e da contabilidade, criaram um cenário de inspiração na minha vida.

Ao contrário dos antepassados de minha mãe, os avós de meu pai, João e Elisabeth Morschel, fugiram da Itália durante a Primeira Guerra Mundial. Depois de uma longa viagem de navio, aportaram em Santa Catarina e, à procura de um lugar para viver, migraram para o Rio Grande do Sul, onde nasceu meu avô, João Emílio.

A vida nos anos 1920 não foi fácil para a família Morschel. Minha avó, Emma, sofreu a perda de quatro de seus oito filhos. Todos para doenças como tifo, poliomielite e difteria. Os que sobreviveram aprenderam desde cedo a resistir às adversidades.

Em 23 de junho de 1934, nasceu meu pai, Geraldo. Sua infância foi marcada pela severidade e disciplina. Aos treze anos, sem perspectivas, foi incentivado pelos pais a seguir uma vida religiosa, mas a vocação divina não se fez presente para ele. Ao rejeitar o seminário, tornou-se um estranho em seu próprio lar e foi expulso de casa.

Com catorze anos, encontrou trabalho em uma grande madeireira da região. Nesse local, aprendeu os primeiros trabalhos de escritório, datilografia e cálculos. Em pouco tempo ele se mostrou habilidoso em cubicar madeira. Parte do conhecimento vinha de seu pai, que o havia ensinado a calcular a média do diâmetro da tora, o comprimento do tronco e, por meio de uma fórmula, chegar à média de quantos metros cúbicos de madeira seriam extraídos de cada árvore e quantos metros seriam carregados em um caminhão. Foi por essa habilidade com os números que ele foi levado para a contabilidade da empresa e ali fez sua escola.

Quando meus pais se casaram, anos depois da falência de minha avó Miloca, ele levou minha mãe para viver uma vida simples. Era assim: meu pai trabalhava de manhã no posto de saúde/hospital, à tarde no escritório de contabilidade e à noite em casa, fazendo a tesouraria do hospital. Momentos de lazer e passeios em família eram raros. Aos sábados, ele pescava e nos domingos – ele dizia que os domingos eram da família – estávamos sempre juntos, em casa. A pescaria era sagrada para meu pai, no entanto, se fosse marcada em um domingo, no dia de Nossa Senhora Aparecida, Dia de Finados ou na Sexta-Feira Santa, ele recusava. Para ele, esses dias eram reservados para meditar e orar. Minha mãe vivia uma rotina menos intensa. Dava aulas em um colégio rural pela manhã e à tarde, cuidava da casa e dos filhos. Os dois pareciam gostar dessa vida.

Como primogênito de uma família com mais três meninas, eu comecei cedo no ofício de ajudar meu pai. Minhas tarefas no escritório eram simples: carimbar, classificar e arquivar documentos. Também fazia serviços bancários e de *office boy*. O meu tempo livre eu separava entre o futebol, a pesca e os estudos.

Foi nessa fase, perto da minha adolescência, que descobri o grupo de jovens da igreja da cidade. Comecei a participar das reuniões, do coral e da banda. Preparava palestras e organizava atividades de caridade aos domingos à tarde. Aquelas simples atitudes de oferecer ajuda aos necessitados e aos menos favorecidos despertava em mim a percepção de que era possível tornar o mundo um lugar melhor. Eu reconhecia as lições de meu pai, percebia que ajudar era um ato de doação, mas uma coisa me deixava inquieto.

Oferecer assistência para aliviar as necessidades imediatas de alguém que está passando por dificuldades permanentes não é o mesmo que ajudar essa pessoa a se tornar independente. Eu acreditava que era necessário fornecer ferramentas e recursos para que elas pudessem suprir suas próprias necessidades e melhorar sua qualidade de vida a médio e longo prazo, mas eu não estava convencido, tampouco certo sobre fazer isso acontecer.

Dividido entre o futebol, a pescaria, os estudos e o trabalho, eu seguia minha vida sem dar tanta importância a esses questionamentos. Ainda assim, essas reflexões continuavam em minha mente como se uma semente tivesse sido plantada e, agora, aguardasse o momento certo para germinar e florescer.

Se alguns questionamentos podiam esperar, outros pareciam urgentes.

As lembranças dos cheques mensais que meu pai recebia do dono do escritório de contabilidade, e depois convertia em um modesto pagamento para mim, ainda estão vivas em minha memória. A quantia não era significativa, mas servia para pequenos prazeres como um sorvete, cinema e momentos de lazer com minha namorada aos fins de semana.

Eu me sentia valorizado, no entanto, meu descontentamento nasceu quando descobri, verificando os contratos da empresa, que meu pai recebia apenas quarenta e cinco por cento do valor que o escritório arrecadava. Fiquei inconformado pois eu sabia que mais da metade dos clientes eram atendidos pelo meu pai. Sobrava apenas uma fração menor para o dono, geralmente, de serviços que não demandavam tanto trabalho.

Abordei meu pai para expor a descoberta. Ele, com uma tranquilidade rotineira, verificou os meus cálculos e disse:

— Filho, sua conta está certa.

— E você não acha injusto trabalhar tanto e ficar com a menor parte?

— Não tem problema, meu filho. O escritório é dele.

— Pai, isso não está certo, o senhor faz todo o serviço e ele só assina. Você devia ganhar pelo menos a metade do que entra.

— Ele nos paga o que é justo.

— Mas pai...

— São só alguns números, Emílio. Eu não me importo com alguns números a menos ou se ele ganha alguma coisa a mais. Ele está dando uma oportunidade para nós termos uma renda. Entenda isso.

— Pai, ele está sendo injusto com você. O certo seria dividir os lucros de forma igual.

— Filho, é preciso acreditar nas pessoas. Só assim a gente vai conseguir construir um mundo com mais igualdade e mais solidariedade. Acreditar faz toda a diferença. E para mim, isso é o suficiente.

Aquele jeito de pensar revelava a fortaleza que era meu pai. Uma fonte de resiliência silenciosa que se encontra na fronteira entre a coragem e a resistência. Uma virtude que se levanta no âmago do ser humano, enraíza-se na profundidade do espírito e nutre-se da essência da vontade. Seu comportamento não era uma mera manifestação de força mental, mas uma expressão transcendental da coragem moral e do caráter inabalável que floresce quando somos desafiados a ultrapassar nossos limites.

Meu pai aceitava os desafios com bravura. Tinha coragem de dançar com o desconhecido e a firme determinação de se manter resiliente diante das dificuldades. Sua fortaleza se desdobrava na sua capacidade de manter a fé no futuro e de sustentar uma esperança inabalável. Carregava consigo a chama da perseverança que, mesmo diante dos ventos mais fortes, nunca se apagou. Embora eu não entendesse isso naquela época, hoje eu enxergo a eloquente confirmação da força do espírito humano na forma de meu pai.

Em 1975, no final do ensino médio e com o diploma de técnico de contabilidade em mãos, Itararé fervilhava com a inauguração da nova agência do Bamerindus. O sabor da mudança pairava no ar. À medida que os amigos partiam para além dos limites da cidade, essa sensação se intensificava. E foi neste momento, querendo voar por novos ares, que o sócio de meu pai me procurou para fazer uma proposta.

— O que acha de trabalhar no Bamerindus? Conheço alguém lá. Está interessado?

Foi uma mistura de sentimentos até que uma sutil gratidão despertou em meu peito. Mesmo confuso, mas com o desejo de seguir novos rumos, não precisei de muito tempo para responder.

Aceitei.

Recebi uma carta de recomendação que ele já havia preparado:

"Apresento Emílio Morschel, rapaz de minha total confiança, para trabalhar na nova agência do Bamerindus na cidade de Itararé. Responsável, de valores cristãos, tem bom conhecimento em contabilidade e deposito nele minha fé."

— Leve com você e entregue para o gerente do banco juntamente com seus documentos pessoais.

Confiante, levei a carta e procurei a secretária do gerente do banco para marcar uma entrevista. Como se fosse por ironia, descobri que o processo de seleção já havia sido encerrado e que todas as vagas estavam preenchidas.

Me senti desamparado. A sensação de fracasso tinha um sabor amargo e a cidade lá fora parecia hostil e indiferente aos meus sonhos frustrados. A luz do dia parecia menos brilhante e o ar menos puro. Eu estava encarando uma realidade que não correspondia às minhas expectativas, e a desilusão era uma companheira silenciosa e pesada.

Parti em direção à rua carregando o desapontamento como um casaco pesado sobre os ombros. Estava a ponto de cruzar a porta quando ouvi a voz da secretária:

— Emílio!

Como uma corda atirada para um homem se afogando, ela me chamou. Em uma fração de segundo, antes de eu mergulhar na amargura do mundo lá fora. Voltei.

— Deixe essa carta aqui comigo. Vou ver o que posso fazer.

Fui envolvido por uma sutil corrente do destino naquele exato instante. Uma delicada e frágil conexão, num tom baixo e suave, decidia o curso da minha vida. Esse chamado, um fio solto no tecido da minha existência, puxava-me de volta do precipício da decepção. O sabor amargo da decepção inicial agora dava lugar a um novo sabor que começava a se desenhar em minha boca. Era uma nova oportunidade para um novo começo.

No dia seguinte confirmei minha intuição. A ligação da secretária anunciava que a carta havia sido entregue ao gerente e que eu devia comparecer à agência para acertar a contratação. A notícia trouxe um sorriso luminoso ao rosto de minha mãe e a aura de orgulho de meu pai era quase palpável. Parecia que as coisas iriam melhorar para nós.

Em 1976, meus dias foram consumidos pela rotina do banco. Das oito e meia da manhã até, muitas vezes, às nove da noite. Meus conhecimentos contábeis logo me alçaram à tarefa de balancete da agência. Eram dias longos, preenchidos por números e anotações meticulosas.

Então, o serviço militar se intrometeu. O caminho até o tiro de guerra era rápido e a rua tinha uma inclinação que facilitava o percurso. Era só deixar a bicicleta a trabalho da gravidade. Pouco antes das cinco horas da manhã eu estava lá.

Havia setenta homens naquele quartel, e o primeiro compromisso do dia era uma aula teórica, uma verdadeira prova para manter todos os recrutas acordados. Depois, todos saíam para fazer exercícios, e assim seguia a rotina, de segunda a sexta-feira, das cinco às sete da manhã.

Às sete e um, eu pegava novamente minha bicicleta e voltava para casa. A rampa que facilitou a descida, agora forçava minhas pernas numa subida com o dia já brilhando forte. A cada pedalada, a cidade acordava com seus carros, caminhões e todos os sons de uma aurora qualquer.

Em casa, tomava um banho para tirar o suor. Mais um café da manhã e seguia para a agência do banco no centro da cidade. Às oito e meia eu já estava debruçado sobre os papéis e atendendo clientes. Seguia nesse ritmo até o fim do expediente, que nunca acabava no horário combinado.

Durante um ano, foi assim. Madrugadas regadas a café e ovos quentes, auroras de exercícios rigorosos e um rápido e intenso retorno para casa a tempo de uma ducha para um novo dia de trabalho no banco. À noite, exausto, eu me arrastava de volta para casa enquanto sonhava com um banho quente e uma cama confortável.

Foi então que, sem querer, eu criei um mantra para minha vida:

"Eu preciso sair daqui."

Aquele pulsar começou em meu coração e em pouco tempo dominou meus pensamentos. Quando percebi, eu o fiz verbo.

Em dezembro de 1976, me inscrevi para o curso de Ciências Contábeis na Universidade Federal do Paraná, em Curitiba. O desejo de deixar Itararé começou a se materializar.

Quando saiu o resultado do vestibular, em janeiro de 1977, uma onda de emoções inundou nossa casa. Conquistei o décimo sétimo lugar entre as cem vagas oferecidas, minha entrada na Universidade Federal do Paraná estava assegurada. A celebração foi animada e, ao mesmo tempo, acompanhada por um suspiro de tristeza. Cada sorriso escondia a dura realidade: o primeiro filho estava pronto para seguir seu caminho longe de casa.

Com esse peso no coração, no dia seguinte, fiz o caminho até a mesa do meu gerente no Banco. Discuti a situação questionando a possibilidade de uma transferência para Curitiba. Ele, com uma expressão carregada de preocupação, explicou que a decisão cabia ao gerente regional. Ao me encorajar a fazer a solicitação, também me aconselhou a não nutrir esperanças. Sendo eu um funcionário eficaz para a agência, parecia pouco provável que tivesse sucesso.

Cheio de coragem, peguei o telefone e expliquei minha situação ao gerente regional. A conversa foi rápida. Fiquei com a promessa de uma resposta para breve. Senti minha esperança de mudança desvanecer diante do tom indiferente de sua voz. A incerteza despertou em mim um pequeno desânimo.

A manhã seguinte era uma terça-feira ensolarada, mas fria. Ao entrar na agência fui surpreendido pelo chamado da secretária.

— Emílio, o gerente regional queria falar com você.

O coração disparado tinha suas razões. Atendi ao convite e fui presenteado com uma reviravolta. Eu havia sido transferido para a sede do Banco, em Curitiba.

— Você começa na próxima segunda-feira!

O que aconteceu comigo naquela hora foi quase indescritível. Fiquei atordoado e simultaneamente extasiado. Corri para casa e compartilhei a notícia com meus pais. Eu falava com tanta empolgação que mal conseguia respirar. E, claro, eles tinham muitas perguntas - Onde você vai morar? Onde fica a Universidade? E agência do banco? Como você vai se virar?

Minha noção sobre essas questões era uma vaga sensação de que eu daria um jeito e, naquele instante, nada conseguiria ofuscar minha animação.

Depois que a euforia inicial acalmou, meu pai me chamou num canto e disse:

— Emílio Lourenço Morschel...

A emoção era visível em seus olhos mareados.

— Eu quero muito que você se dê bem. Eu torço muito pelo seu sucesso, mas eu preciso te dizer uma coisa. Eu não posso te ajudar. Eu não posso, pois eu e tua mãe ganhamos pouco. A gente está pagando nossa casa, e você tem três irmãs. Se eu tiver que mandar dinheiro para você, vai faltar para elas. Mas o que eu quero dizer para você é... vá!

Ele fez uma pausa, respirou fundo como se quisesse segurar o choro, e continuou.

— Vá... e se não der certo, ou se você se arrepender, volte. Tua cama estará aqui, sua casa também estará aqui. Eu estou contigo, volte quando quiser. Financeiramente eu não poso ajudar, mas se você quiser voltar, você será bem-vindo.

Essas palavras fortaleceram minha determinação. Segurei suas mãos com força e com os olhos cheios de esperança, eu prometi:

— Pai, eu vou. Mas saiba que eu voltarei formado em Ciências Contábeis. Nós abriremos nosso próprio escritório de contabilidade aqui em Itararé. Você continuará trabalhando e eu validarei os documentos para você. Seremos parceiros, pai. Eu vou, mas saiba que, quando eu voltar, será para ajudá-lo!

E eu fui.

Descer do ônibus em Curitiba foi como entrar num redemoinho de emoções. Um sentido iminente de incertezas subiu pela minha coluna no exato momento em que toquei o chão da rodoviária com o pé. Tendo pouco tempo para me despedir da família e dezenas de perguntas sem resposta, eu chegava a uma nova cidade percebendo que meus pensamentos estavam em um grande conflito entre o "vai dar tudo certo" e o "acho que isso não vai dar certo". Contudo, a realidade não me deu muito tempo para contemplar essa dicotomia. Saí diretamente da estação rodoviária para a sede do Bamerindus.

A pessoa à espera no banco era alguém que eu não conhecia. Ele havia sido designado pelo meu ex-chefe em Itararé. Um sujeito grande, com o cabelo penteado para trás e vestido num terno cinza com uma gravata bem apertada. Olhou para mim, franziu a testa e fez uma pergunta direta:

— O que você sabe fazer?

— Eu faço a contabilidade da agência, fecho os balancetes...

Sem hesitar, comecei a listar todas as minhas habilidades em contabilidade, em processos bancários e em tudo o que eu tinha aprendido naquele primeiro ano no banco em Itararé e, principalmente, com meu pai.

— Certo... - o homem resmungou pensativo.

Fiquei em silêncio enquanto ele olhava para o vazio. Pegou o telefone, discou alguns números de um ramal interno e, sereno, disse:

— Separe os manuais para o Emílio. Deixe tudo na mesa lá do fundão.

Desligou o telefone, olhou para mim, e explicou:

— Estude todos os manuais. Quando terminar, veremos o que você poderá fazer.

A empolgação inicial com a oportunidade de trabalho na capital logo se perdeu. A percepção de que a vida em um novo ambiente não é tão diferente daquela que conhecia no interior criou um pequeno sentimento de desilusão. A expectativa parecia me mostrar um caminho com desafios emocionantes que poderiam revolucionar minha trajetória profissional, mas percebi de imediato que a essência dos processos e das relações humanas permaneciam praticamente inalteradas.

A mesa indicada no fundo da sala confirmou minha desconfiança. Havia muito trabalho pela frente. A pilha de manuais, que já estava lá, era o suficiente para me esconder, e a secretária continuava a trazer mais e mais. Cada um deles continha descrições detalhadas de cada processo do banco, desde como atender ao telefone, até abrir contas, verificar rendimentos e organizar documentos.

Mesmo que não tenha sido um início eletrizante, estar em Curitiba e estudar esses manuais me deu uma base sólida para crescer no banco. Fui enviado para o departamento financeiro quando já estava perto de concluir a faculdade de Ciências Contábeis. Depois, migrei para o Departamento de Sistemas e Métodos e com vinte e três anos, após ter passado por quase todos os departamentos, fui promovido de analista sênior para gerente de divisão.

Quando o jornal interno do banco anunciou minha promoção, levei-o para meus pais em Itararé. O artigo dizia: "Emílio Morschel é o gerente mais novo do Bamerindus entre cerca de mil agências em todo o Brasil". A alegria de minha mãe e o orgulho de meu pai estavam por todo lugar. Parecia que aquela folha de papel significava muito mais para meu pai do que a minha efetiva promoção.

Graças a minha carreira no banco tive a oportunidade de ajudar minhas irmãs a saírem de Itararé para estudar em Curitiba. Primeiro veio a irmã mais velha, Edymara, que passou a dividir um apartamento alugado no centro da cidade.

Certa manhã, um amigo de trabalho veio até a minha mesa e anunciou que estava de mudança.

— Consegui uma transferência para outro estado e estou querendo vender meu apartamento. Se você estiver interessado, estou aberto a propostas.

O apartamento estava financiado em trinta anos, e ainda faltavam longas décadas para quitar o financiamento. Fiz alguns cálculos rápidos e percebi que o valor do aluguel que eu e minha irmã estávamos pagando seria suficiente para cobrir as parcelas.

Decidi comprar o apartamento do meu amigo. Utilizei uma parte do dinheiro que tinha guardado na poupança e fiz a proposta de usar as minhas duas próximas gratificações para quitar a dívida com ele, ainda naquele ano. Foi assim que conquistei meu primeiro imóvel e um financiamento de quase três décadas.

O apartamento era um espaço modesto. Era um entre centenas de apartamentos, entre dezenas de blocos, no bairro Novo Mundo, em Curitiba. Sem as preocupações com o aluguel, trouxe minha segunda irmã, Elizabeth, para a cidade, onde ela prestou vestibular e cursou a universidade.

Fiz questão de trazer meus pais e minha terceira irmã, Edna, até Curitiba para assistir à minha formatura. Foi durante essa visita de meu pai que percebi que havia algo de errado com ele. Uma tosse persistente e preocupante indicava algum problema nos pulmões. Descobri depois que era uma tosse que se arrastava desde sua aposentadoria, ocorrida alguns meses antes. Naquele instante, ainda sem ter consciência dos indícios de gravidade daqueles sintomas, considerei aquela a melhor oportunidade para cumprir minha promessa.

— Pai, eu vim para Curitiba para estudar. Agora estou pronto para te ajudar! O que acha de vir para cá e montarmos um escritório juntos? Serei seu sócio.

Ele coçou as sobrancelhas, colocou a mão em meu ombro e olhou profundamente nos meus olhos.

— Filho, você já me ajudou muito. Estou muito orgulhoso de você e de tudo que conquistou. Não se preocupe comigo, ficarei bem. Agora é hora de você seguir em frente e construir seu próprio caminho.

Naquele mesmo ano, 1981, casei-me com Célia, minha namorada de longa data que havia deixado em Itararé. O destino nos trouxe de volta um ao outro aqui em Curitiba.

Com estabilidade no banco, casado e formado, decidi buscar uma segunda profissão. Foquei em uma carreira acadêmica e comecei a fazer especializações na área econômica. Essa experiência me abriu portas e, algum tempo depois, conquistei uma vaga como professor na FAE, a Faculdade Católica de Administração e Economia.

Minha irmã Edna havia permanecido em Curitiba depois de minha formatura. Ela também tinha o objetivo de prestar vestibular. No entanto, aquela tosse de meu pai se revelou uma doença que demandaria cuidados intensivos. Após três meses na cidade, Edna decidiu abandonar seu sonho de estudar e voltou para casa para cuidar dele.

Edymara e Elizabeth já haviam seguido seus próprios caminhos, estavam casadas e com boas carreiras consolidadas. Eu e Célia tínhamos nosso próprio cantinho quando nossa primeira filha, Paola, veio ao mundo. Seis anos depois, enfrentamos a perda prematura do Bruno, nosso bebê, após uma luta incansável no Hospital Pequeno Príncipe. Em meio à tristeza do velório, lembro-me de ver meu pai chorar intercalando seu profundo sofrimento com uma tosse perigosa e preocupante.

O estado de saúde de meu pai evoluiu rapidamente para um quadro crítico. Mesmo tendo iniciado um tratamento em Itararé, os resultados não foram promissores para conter a degeneração de seus pulmões.

Tomamos a decisão de trazê-lo para Curitiba, onde havia uma estrutura de grandes hospitais e médicos especializados. Acreditamos que aqui ele teria melhores chances de encontrar um tratamento eficaz que revertesse seu quadro clínico.

Enquanto isso Mariana, minha segunda filha, veio ao mundo, fruto de uma gravidez que exigiu muita atenção e cuidado. Depois da morte de Bruno, ficou uma sensação de fragilidade e uma triste ideia de que algo de errado poderia acontecer a qualquer momento.

A saúde de meu pai continuava se deteriorando. Nem ele nem minha mãe tinham um plano de saúde que cobrisse as despesas das internações constantes. Vendemos a casa que ele havia levado uma vida inteira para pagar e reunimos todas as suas economias acumuladas ao longo dos anos para concentrar esforços e oferecer a ele o melhor tratamento possível.

Mesmo assim, o dinheiro que ele havia conseguido guardar não foi suficiente para pagar por tudo. Eu sabia que deixá-lo desamparado seria deixá-lo morrer. Assim, passei a custear grande parte das despesas médicas, já que entre todos os filhos, eu era o que tinha melhores condições financeiras.

Quando os resultados dos exames ficaram prontos, o médico nos visitou no quarto. Mesmo com todos os nossos esforços, percebemos que a notícia não seria boa. Segurando uma prancheta, ele nos disse aquilo que temíamos.

— Meu caro Geraldo, lamento profundamente ter que lhe dar esta notícia, mas infelizmente, os resultados dos exames indicam que você está em estágio avançado de enfisema pulmonar. Essa é uma doença grave e, nesse estágio, as opções de tratamento são limitadas.

Olhei para meu pai, chocado. Ele parecia tranquilo, com um olhar triste, mas consciente da gravidade da situação.

— Eu li no jornal - disse meu pai, sem demonstrar emoção - que no Rio Grande do Sul fizeram um transplante de pulmão em alguém com esse problema. Será que isso não pode me ajudar?

— Eu entendo que essa notícia seja devastadora para você e sua família, e sinto muito por isso. Embora o transplante de pulmão seja a única opção de tratamento para essa doença, como seu médico, eu sei que sua condição de saúde atual não permitiria que você suportasse a cirurgia.

Meu pai ficou em silêncio, procurando um sentido naquele momento. Nenhum de nós encontrou palavras capazes de aliviar a angústia e o sofrimento causados pela notícia do médico.

Nos anos que vieram, os tratamentos se tornaram mais intensos e as internações ainda mais constantes. Minha mãe o visitava duas vezes por dia no hospital. De manhã, levava frutas, o pão e o café que ele tanto gostava. De tarde, um pequeno almoço com um pedaço de carne feito do jeitinho que ele queria.

Os custos das diárias, medicamentos e exames se tornaram uma despesa contínua e crescente. Para não abandonar meu pai, precisei me desfazer de parte do patrimônio que havia construído nos últimos dez anos. Assim, consegui garantir que ele tivesse um pouco de qualidade de vida naqueles seus últimos momentos.

Eu sabia que havia uma sentença determinada, no entanto, ainda alimentava esperanças de que ele pudesse melhorar. E mesmo percebendo que o estado de saúde de meu pai piorava a cada dia, eu me apegava a uma visão otimista, esperando que por um milagre, ele revertesse aquela doença.

Mas a realidade era dura. Naquela época, já nos anos 1990, eu havia deixado o banco e estava trabalhando em uma grande indústria.

Embora meu salário fosse um pouco melhor, a doença de meu pai consumia praticamente tudo o que eu ganhava. Restava apenas o apartamento onde eu vivia com Célia, Paola e Mariana.

Alguns questionaram o porquê de eu gastar fortunas sabendo que, no final, meu pai iria falecer. Reagi mal a esses questionamentos. Enfrentei o mundo e coloquei minha vida e meus sonhos em segundo plano para ajudá-lo. E foi assim que caí em um abismo.

Meu casamento com Célia chegou ao fim em setembro de 1990. Deixei o apartamento para ela e nossas filhas. Saí de casa com o dinheiro que tinha na carteira e alguns trocados que estavam no banco.

Um mês depois, perdi meu emprego.

Dias antes de meu pai falecer, quando contei a ele que meu casamento havia fracassado, ele olhou bem nos meus olhos e com muita dificuldade para falar, se esforçou para me ensinar uma lição valiosa:

— Filho, vá em busca de sua felicidade, e não deixe que sua companheira seja infeliz. Vocês dois merecem um novo começo e uma nova chance. Sejam felizes. Cuidem das meninas.

Nesta hora, um pensamento de Chico Xavier fez sentido em minha vida: "Embora ninguém possa voltar atrás e fazer um novo começo, qualquer um pode começar agora e fazer um novo fim".

No dia 30 de outubro de 1990, meu pai se despediu de mim naquele quarto de hospital. Desesperado, cansado, confuso e desorientado devido à dificuldade para respirar, talvez ele ainda tentasse me dizer algo, me ensinar uma última lição.

Aquele que havia sido meu herói, meu porto seguro, minha bússola na vida, agora se encontrava apenas nas lembranças que ecoavam dolorosamente em minha mente. Seu sorriso afetuoso, suas mãos calejadas que sempre me ampararam, seu olhar cheio de sabedoria... Tudo isso estava agora diluído na imensidão da saudade que a morte traz consigo.

No reino de nossos corações, as histórias não têm fim. Seus capítulos se desenrolam em ecos, em sussurros silenciosos que se desdobram em infinitas narrativas. Em cada passo, cada gesto, cada palavra dita e não dita, carregamos em nós as marcas das vidas que tocamos e das que nos tocaram.

É estranho como o universo se curva ao sabor do tempo. Em um instante, estamos cercados de vozes familiares, de rostos conhecidos, de risos que se perdem com a brisa em noites quentes. No instante seguinte, somos deixados no silêncio, na quietude das saudades que nunca se calam.

É em meio a esses ecos e silêncios que aprendemos a ver com clareza. Encontramos beleza nos momentos fugazes, significado nas conexões mais sutis e, às vezes, uma melancólica sensação nas mais dolorosas despedidas.

Nas noites solitárias, quando o silêncio envolvia meu quarto, a ausência dele pesava em meu peito como uma pedra. As lágrimas inundavam meu rosto enquanto eu procurava perceber, em vão, sua presença em cada canto da casa. Seu cheiro, sua voz, sua risada contagiante... Tudo isso parecia tão distante, tão irremediavelmente perdido.

Meu luto não era apenas pela perda de meu pai, mas também pela perda de parte de mim mesmo. Ele era meu exemplo de coragem, de perseverança, de amor incondicional. Ele era o pilar que sustentava minha existência e, sem ele, eu estava frágil, abandonado.

Nessa dança delicada de encontros e desencontros, percebi que cada um de nós carrega uma lanterna. Uma luz suave que ilumina o caminho, que brilha em meio à escuridão, que revela o belo mesmo nas sombras mais profundas. E por mais que essa luz possa parecer frágil, é incrivelmente resiliente. Sobrevive às tempestades, persiste através das noites mais escuras e, no final, encontra sempre o amanhecer.

Cada experiência, cada momento, cada pessoa que tocamos e que nos toca, contribui para a manutenção dessa luz. E por mais que o tempo possa levar essas pessoas, a luz de cada uma delas permanece. Somos uma mistura complexa de ecos e silêncios, de presenças e ausências, de luzes e sombras.

E, enquanto continuarmos a carregar essa lanterna e a alimentar essa luz com nossas ações, sentimentos e vidas, nunca estaremos verdadeiramente sozinhos. Porque a verdadeira solidão não é a ausência de pessoas, mas a ausência de luz.

Foi isso que meu pai me ensinou. Após uma queda, levante-se e enfrente os desafios com determinação. O legado que ele deixou era um convite para que eu seguisse em frente, honrando sua memória através da minha própria jornada.

E, assim, enxugando as lágrimas de meus olhos, com uma saudade tatuada em meu coração, prometi a mim mesmo que, ainda que eu sentisse sua falta a cada passo, eu encontraria forças para seguir.

No final, é a nossa luz que dá forma ao universo, que dá sentido à nossa existência. E é a nossa luz que nos permite dizer, com toda a certeza e convicção, que mesmo em meio à mais profunda escuridão, a vida é, e sempre será, bela.

O OUTRO CAMINHO É MAIS HUMANO

"Numa árvore, só cortando os galhos secos é que os pequenos brotos, latentes, podem desenvolver-se."

Gudrun Burkhard – Tomar a Vida Nas Próprias Mãos

Certa vez, após encontrar um colega na NOSSA RH, ele gentilmente colocou a mão em meu ombro e disse:

— Emílio, você é um cara de sorte! Você construiu uma empresa de sucesso, conquistou riqueza e não precisa mais trabalhar. Não entendo por que você continua vindo aqui todos os dias. Eu adoraria ter a sua sorte!

Enquanto refletia sobre aquelas palavras, pensei comigo mesmo sobre o significado de "sorte". Essa palavra pode ter diferentes interpretações, dependendo do contexto em que é usada. A visão que meu colega tinha de mim era a de alguém que alcançou conquistas na vida através de fatores aleatórios que contribuíram para seu sucesso.

Como eu poderia explicar a ele que essa "sorte" era, na verdade, resultado de habilidade, trabalho árduo, perseverança, resiliência e oportunidades que eu, Marilda e nossos funcionários aproveitamos ao longo da história da NOSSA RH? A filosofia sempre foi aprender e reconstruir depois que um erro for cometido.

Decidi evitar a fadiga. Convidei meu colega para tomar um café que, por "sorte", acabara de ser preparado. Durante esse momento de silêncio, recordei como tudo começou, há mais de duas décadas.

Trabalhar em bancos nunca foi exatamente minha paixão. O salário atendia às expectativas, havia oportunidades de promoção e com a experiência adquirida, eu poderia lidar com investimentos que garantiriam uma aposentadoria tranquila. Para mim, isso parecia suficiente.

No entanto, havia uma inquietação que me impulsionava a buscar novos desafios. Essa paixão era o motor que me motivava a ir além, não pelo dinheiro, mas pelo prazer de estar sempre construindo algo novo.

Foi com essa energia que, imediatamente após concluir o bacharelado em Ciências Contábeis, eu fiz minha primeira pós-graduação, em Organização e Planejamento, seguida por outra, em Finanças,

Custos e Orçamento. Continuei numa terceira pós em Gerência para Técnicos de Nível Superior, uma quarta em Coordenação e Dinâmica dos Grupos e, finalmente, uma última em Análise Transacional. Após completar cinquenta anos e ainda motivado para continuar na vida acadêmica como professor, decidi cursar o mestrado em Engenharia de Produção – Gestão Industrial com uma linha de pesquisa focada em Conhecimento e Inovação. A escolha não foi aleatória. Essa sempre foi a minha vontade: conhecer e inovar!

Durante o período em que estudava, intercalava experiências como professor na graduação e na pós-graduação nas disciplinas de Análise de Balanços, Organização de Sistemas e Métodos, Gestão de Recursos Humanos, Remuneração, Benefícios e Liderança. Trabalhar com alunos que eram profissionais de mercado – num contexto em que a maioria tinha um bom nível de conhecimento sobre os assuntos estudados – exigia um preparo antecipado e ainda mais profundo sobre cada tema a ser abordado. Considerei essa a melhor forma de aprender. Ao encerrar cada período ou cada módulo do curso, agradecia os participantes e repetia a frase de Cora Coralina: "Aprende muito quem tenta ensinar".

Foi durante uma dessas aulas que conheci um dos recrutadores de uma grande indústria. Ele estava sentado na primeira fileira, demonstrando interesse pelo conteúdo e mantendo-se em silêncio. Um dia, após a aula, ele se aproximou de mim e falou:

— Você já considerou trabalhar na área de Recursos Humanos?

Achei estranha a pergunta e respondi sem muita pretensão.

— Na verdade, nunca pensei nisso. Sou da área de finanças.

Ele ficou em silêncio por um momento. Colocou a mão no queixo e se preparou para continuar a conversa.

— Eu trabalho em uma grande indústria. Nós queremos construir a estrutura e ampliar o escopo de nossa Fundação e estamos em busca de um gerente. Procuramos alguém que tenha a capacidade de coordenar o projeto, a obra e a construção. Depois, montar as equipes, organizar e fazer a Fundação funcionar. Você não teria interesse em tentar a vaga? Sem pretensão de conseguir o emprego, só pela experiência?

Por vários dias pensei no convite. O projeto era ambicioso. A ideia era ampliar o espaço e as formas de prestar assistência aos funcionários e à suas famílias. Seria possível modernizar e transformar uma plataforma social da empresa para atender as necessidades básicas de todos os que trabalhavam lá. Ajudar as pessoas a alcançar um nível maior de qualidade de vida parecia um desafio e tanto.

Pensando naquilo, já comecei a imaginar um tripé para que o programa de assistência pudesse funcionar de forma eficaz. Saúde, Alimentação e Capacitação para uma segunda fonte de renda. Com o dinheiro que viria do exterior, onde ficava a matriz da empresa, não haveria dificuldades para implementar um programa tão amplo e organizado com profissionais competentes para cada função.

Nessa mesma frequência de pensamentos, veio a percepção de que minha carreira no setor financeiro começava a ficar restrita a um sistema lógico de trabalho. Minha prioridade era gerir os recursos materiais e imateriais da empresa, sempre buscando maximizar o lucro e minimizar os custos. Minhas decisões eram tomadas com base em números e análises, e meu objetivo, em qualquer desafio que me era apresentado, se baseava em encontrar formas de aumentar a eficiência operacional e a rentabilidade. Meu foco estava constantemente ligado a números, estatísticas e resultados.

A ideia de trabalhar em qualquer serviço na área de recursos humanos era quase assustadora. A mudança seria radical e drástica. Meu foco passaria a ser a gestão de pessoas dentro da empresa. Eu teria que desenvolver e motivar os funcionários e colaboradores para que eles buscassem alcançar os objetivos da organização. Também seria preciso fornecer suporte e condições básicas para que eles pudessem desempenhar plenamente suas funções.

Essa diferença de pensamentos entre alguém que trabalha na área financeira e alguém que trabalha na área de recursos humanos parecia significativa para mim. Na minha "análise", as prioridades eram praticamente opostas. De certa forma, mesmo enxergando um caminho muito difícil em uma área completamente nova, eu sentia que o desafio poderia ser enriquecedor. Basear minhas decisões para atender as necessidades e expectativas de pessoas, procurando maneiras e métodos que fossem suficientemente eficazes para melhorar o ambiente de trabalho e ainda incentivar o desenvolvimento profissional e aumentar a satisfação dos colaborares? Ora, por que não?

Deixar de garantir a sustentabilidade financeira da empresa para garantir a sustentabilidade do capital humano da empresa pareceu um desafio à minha altura. É claro que a proposta de um salário trinta por cento mais alto que o meu atual também contribuiu para que eu preparasse e enviasse meu currículo.

Não havia quase nenhuma expectativa de que aquilo pudesse dar certo. Eram dezenas de candidatos, a maioria com muita experiência na área de Recursos Humanos. Grande parte com vivência em empresas multinacionais. Aqueles que, como eu, trabalhavam em outras áreas, eram poucos. Então, avançar para as próximas etapas da seleção foi, sem dúvidas, uma diversão.

Mas ela acabou quando eu percebi que estava avançando demais no processo seletivo. Entrevista, dinâmica, nova entrevista, novas dinâmicas, e quando me dei conta, a maioria dos candidatos já havia sido excluída do processo.

Era véspera do Dia de Finados. Eu estava com as malas no carro, pronto para viajar até Itararé. Meu pai ainda morava lá com minha mãe – só alguns meses depois ele viria para Curitiba para o tratamento de saúde. Eu estava na sala quando ouvi o telefone tocar. Sem pretensão alguma, atendi.

— Emílio, você passou para a última etapa do processo. Amanhã haverá um almoço com a diretoria da empresa. Posso confirmar sua presença?

— Estou me preparando para viajar amanhã cedo...

— Emílio, não se preocupe. A decisão é sua.

Assim como as malas entraram no carro, elas saíram.

No dia seguinte, a conversa durante o almoço foi sobre assuntos aleatórios. Ninguém mencionou trabalho ou a ideia da Fundação. O presidente queria ouvir histórias pessoais, queria saber sobre trivialidades, era um jeito de nos conhecer pessoalmente.

Na saída do restaurante, após as despedidas, o recrutador se aproximou e me cumprimentou com um firme aperto de mão. Sorrindo, ele sussurrou:

— Emílio, nós gostamos de você, mas você precisa baixar a bola, você é muito confiante!

Não tive tempo para questionar. Depois disso, preferi deixar o assunto de lado, apesar de ter levado essa reflexão comigo por vários dias.

Uma semana depois, recebi uma ligação da empresa informando que eu havia sido escolhido para ocupar o cargo de gerente da Fundação. Perguntei como alguém da área financeira poderia ser cogitado para dirigir um empreendimento desse tipo, e ele respondeu com convicção:

— É exatamente disso que precisamos. Uma pessoa com formação em finanças que possua habilidades e conhecimentos relacionados à gestão financeira, como análise de balanços, controle de fluxo de caixa e planejamento financeiro. Escolhemos você porque ensinar sobre recursos humanos para alguém da área financeira é muito mais fácil do que ensinar finanças para alguém de recursos humanos. Se você estiver disposto, nós vamos te ensinar tudo sobre RH.

Eles realmente queriam me ensinar tudo sobre RH. Quando meu diretor chegou com trinta e dois livros que ele mesmo havia mandado comprar, lembrei-me do meu primeiro dia no banco quando cheguei a Curitiba.

— Leia todos eles, e à medida que for lendo, discutiremos cada um, juntos.

Foi assim que, em 1989, dei o primeiro passo que virou minha vida de cabeça para baixo. Eu havia oficialmente mudado de carreira e agora meu foco era pensar em como poderia ajudar os milhares de funcionários da empresa. Nesse momento de ansiedade, lembrei de uma frase de meu pai que ele costumava repetir sempre que estávamos em alguma situação semelhante:

— Emílio, coloque as abóboras na carroça e comece a andar, elas se ajeitam na viagem.

Havia uma conta onde estavam depositados os recursos necessários para o projeto da Fundação. A primeira ação foi colocar as máquinas para trabalhar no terreno e começar a construir uma estrutura para atender às necessidades básicas daquela comunidade.

Na sequência, contratamos alguns estagiários e fizemos uma pesquisa socioeconômica. Queríamos informações sobre idade, gênero, nível educacional, tempo de serviço na empresa, cargos e salários. Esses eram os dados que desenhavam um retrato dos funcionários. As principais necessidades elencadas por eles - como saúde, educação, moradia, alimentação e transporte - davam uma visão completa de como ser colaborador daquela indústria e viver na comunidade local.

Descobrimos que a maioria deles era de famílias descendentes de poloneses, alemães e italianos. Mantinham em suas casas a cultura e os costumes de seus pais e avós. Cultivavam hortas com verduras e legumes frescos, faziam pães, cozinhavam para toda a família e viviam em casas vizinhas aos parentes mais próximos.

A condição das casas também era boa e não havia necessidade de investimentos em infraestrutura como esgoto e água encanada. A maioria não tinha dívidas nem grandes ambições dentro da empresa.

Com esse perfil em mãos, focamos a Fundação nas áreas de saúde e alimentação. Também criamos um espaço para oferecer cursos de capacitação profissional para atender às famílias e ajudar as pessoas a obter uma renda extra.

O terreno agora possuía uma estrutura de sete blocos equipados com o que havia de mais moderno na época: ambulatórios médicos, salas de exames, consultórios odontológicos, uma sala especialmente projetada para raios-X, refeitório, salas para ministração de cursos de capacitação e um grande armazém para distribuição de cestas básicas.

Nas semanas seguintes, uma equipe de setenta funcionários, incluindo médicos, enfermeiros, estoquistas, motoristas, dentistas e instrutores, dava vida à Fundação. Fizemos um mutirão para examinar a saúde bucal de todos os funcionários e estabelecer tratamentos por prioridade. Enquanto isso, os familiares dos funcionários começaram a se inscrever em cursos que ensinavam a produção de salgados, bolos, bordados, crochês e tricôs.

Havia uma mulher chamada Maria de Jesus, de extrema bondade e desapego, que respondia pela Fundação até aquele momento. Com mais de cinquenta anos, trabalhava na área de Assistência Social e, do jeito dela, conseguia resolver todos os problemas dos funcionários. O mais incrível é que com o seu salário, que não era alto, ela conseguia ajudar todos que lhe procuravam, além de orientar e encaminhar cada caso para o serviços de saúde especializado correspondente.

Agia com extrema bondade e generosidade em qualquer situação e buscava sempre fazer alguma diferença na vida das pessoas ao seu redor. Ela tinha uma empatia extraordinária e estava sempre de bom humor, sorrindo.

Essa senhora foi para mim um verdadeiro anjo da guarda. Além de ter percorrido cada canto da cidade, dos bairros e da periferia, ela também conhecia todos os funcionários e suas famílias. Tinha um ótimo relacionamento com o comércio e com a comunidade. Isso nos possibilitou entender melhor o meio, propor e executar as ações adequadas à cultura da região e das pessoas.

Num espaço de pouco mais de dois anos o projeto estava implantado e em pleno funcionamento. As necessidades básicas daqueles indivíduos estavam atendidas e já era possível que as famílias obtivessem uma renda extra. Surgiu então um questionamento da equipe de gestão da Fundação e da direção da empresa. Para onde deveríamos prosseguir? Era necessário ampliar ou reduzir os benefícios?

Mais uma vez me veio a pergunta intrigante: esta é a melhor forma de ajudar? Estamos criando famílias e pessoas dependentes? E se um dia a empresa não conseguir proporcionar este nível de ajuda? Como ficarão essas pessoas?

Acabei me desligando da Fundação no final do ano de 1991 e voltei para a área financeira. Os laços de amizade com Maria de Jesus e com alguns funcionários permitiram que eu me mantivesse informado sobre os progressos e o andamento dos atendimentos da organização que havíamos implantado. Soube que, alguns anos depois, uma nova administração da empresa modificou a estrutura dos serviços da Fundação. Os atendimentos médicos especializados que eram ofertados para funcionários e familiares foram direcionados para planos de saúde contratados pela própria empresa. A distribuição de alimentos foi substituída pelo vale alimentação e isso tornou possível que cada família pudesse escolher o que comprar e o que consumir.

Todo o prédio, as instalações e os equipamentos de saúde e dos cursos profissionalizantes foram doados à prefeitura da cidade que transformou toda a estrutura em uma Unidade de Saúde. Isso permitiu a ampliação do atendimento para toda a comunidade local.

A atitude da empresa de se desfazer de toda essa responsabilidade com os funcionários até pode ter repercutido como uma decisão antipática e egoísta. No entanto, mais tarde se percebeu como ela foi adequada. Houve um estímulo à autonomia dos funcionários e de suas famílias e o poder público pôde melhorar o atendimento na área de saúde para pessoas que não eram ligadas à empresa.

DEZ ANOS OU DEZ MIL HORAS

"Os líderes bem-sucedidos acreditam que não podem vencer sem as contribuições de todos os membros da equipe. Sabem que não possuem todas as respostas, por isso, não insistem em provê-las."

Fela Moscovici – Equipes Dão Certo

Há aqueles que não acreditam em coincidências. Para eles, eventos aparentemente aleatórios são, na verdade, sinais de uma força maior que conecta e transforma o mundo. Há também aqueles que veem nesses eventos meras coincidências, acontecimentos inexplicáveis sem uma conexão lógica aparente. Eu, porém, enxergo a sincronicidade como um caminho do meio, onde eventos se entrelaçam em uma teia de significados profundos, além da compreensão racional. Nessa dimensão, o tempo entre os acontecimentos perde sua relevância.

Em 1992, Marilda trabalhava no setor de recursos humanos de uma grande empresa sediada na região Metropolitana de Curitiba. Ela integrava a equipe responsável por conduzir o processo de terceirização que tinha como visão incentivar o empreendedorismo e promover a criação de pequenas empresas prestadoras de serviços complementares ao foco principal do negócio.

Quando o processo estava prestes a ser concluído, Marilda e mais três colegas do setor receberam um incentivo para criar sua própria agência de recursos humanos. A proposta era prestar serviços tanto à empresa principal quanto a todos os novos empreendimentos recém-criados.

Assim, cada um dos novos empresários tinha como missão buscar novos clientes, promover a autonomia do seu negócio, a independência e a sustentabilidade. O objetivo era ampliar o foco de serviços e evitar qualquer forma de dependência da empresa-mãe.

Assim nasceu a MLDM – Assessoria de Recursos Humanos. No início, a sociedade era composta por Marilda e três colegas. Eles trabalharam juntos no projeto de terceirização dos processos de produção e administração da empresa, no entanto, apenas Marilda se desligou oficialmente do emprego para se dedicar exclusivamente ao novo empreendimento.

Antes mesmo da assinatura do contrato social, dois dos sócios desistiram do negócio e, oficialmente, o novo empreendimento começou com apenas duas sócias. Poucos meses depois, essa colega também decidiu não continuar na sociedade e deixou Marilda como a única proprietária da MLDM.

Eu estava divorciado e, mais uma vez, recomeçava minha carreira profissional. Era mais uma tentativa de me reencontrar no mercado de trabalho. Da área de Recursos Humanos, eu havia voltado para o mercado financeiro.

Quando vi Marilda pela primeira vez, me encantei com seu sorriso gentil e seus olhos brilhantes. Tive uma sensação indescritível de calor e conforto em meu peito. Me aproximei dela e começamos a conversar, e à medida que a conversa fluía, sentia-me cada vez mais à vontade e em sintonia com ela. Era como se de alguma forma eu soubesse que havia encontrado uma parte que viria a me completar.

O tempo parecia parar sempre que a gente se encontrava. Conversávamos, ríamos juntos e nossa conexão se tornou algo mágico e único. Eu sentia uma sensação de felicidade que não conseguia explicar. Desde o primeiro dia eu soube que ela mudaria para sempre a minha história.

Enquanto nossa vida pessoal caminhava nas nuvens, a empresa de Marilda enfrentava dificuldades de gestão. Houve um momento em que ela considerou encerrar a MLDM e voltar ao mercado de trabalho como funcionária. A saída da única sócia criou um problema, pois ela era a responsável pelas áreas de folha de pagamento e de gestão financeira da empresa. Marilda atuava na parte técnica de recrutamento e seleção e nas atividades comerciais. Sem a sócia e com o acúmulo de funções que ela pouco dominava, o sonho de se manter como empresária estava ameaçado.

Entre namoro, responsabilidades familiares e trabalho, assumi, parcialmente as funções administrativas e burocráticas da empresa de Marilda. Isso permitiu que ela se concentrasse no recrutamento, seleção, treinamento e marketing. Nossas habilidades se complementavam e a MLDM começou a prosperar.

Foi assim que eu entrei na empresa da Marilda. Virei sócio de um por cento do negócio enquanto ela detinha os outros noventa e nove por cento. E esse foi o primeiro suspiro de vida do que viria a se tornar a NOSSA RH.

A visão resplandecia em nossa mente: conceber uma empresa de recursos humanos que eclipsasse as tradicionais abordagens corporativas, uma organização onde o cerne seria inquestionavelmente humano. NOSSA RH não foi apenas escolhido como um nome, mas como um manifesto. O termo NOSSA capturava a essência do que aspirávamos: uma casa corporativa onde cada indivíduo — do estagiário ao CEO, do cliente ao parceiro — se sentisse como parte integral de uma família unida em propósito.

A experiência em grandes empresas nos conferiu uma perspectiva única, uma visão de 360 graus do que realmente ocorria nos bastidores da gestão de pessoas. Compreendíamos as ansiedades que afligiam as empresas: a corrida contra o tempo para encontrar a peça certa para um quebra-cabeça em constante mutação; a adrenalina e o caos de substituições de última hora; e a angústia palpável quando a expectativa do cliente se transformava em decepção.

Rejeitamos o caminho do menor esforço, a via já pavimentada por empresas que enxergam os recursos humanos como meros números numa folha. Optamos pelo caminho menos percorrido, um caminho pautado em transparência, abertura e colaboração. Este seria o alicerce de NOSSA RH, uma empresa destinada a redefinir o espaço de recursos humanos, não apenas como uma entidade que preenche vagas, mas como uma comunidade que alimenta almas, valoriza individualidades e, mais importante, constrói famílias dentro e fora do ambiente de trabalho.

A NOSSA RH não nasceu apenas como uma marca. Nasceu como uma declaração de princípios. É a nossa porta aberta, convidando todos para fazer parte dessa extraordinária jornada de crescimento mútuo e prosperidade duradoura.

Tão logo nos tornamos sócios da NOSSA RH, nos casamos e fomos viver juntos.

Nosso tempo se dividia entre aproveitar a vida de recém-casados, cuidar das crianças e comparecer aos compromissos com os clientes. Nesse período, tivemos uma grande alegria com a chegada do Rui César, nosso filho caçula. Foi uma grande aventura reviver toda a experiência da atenção e dos cuidados que uma criança nessa idade exige. Nos desdobrávamos para não deixar nenhum prato cair e nossos dias mais se pareciam com os de um malabarista.

Aos poucos, com o crescimento da empresa, assumi todas as funções das folhas de pagamento, da administração e dos processos burocráticos. Marilda ganhou mais espaço e tempo para se dedicar aos processos de recrutamento, seleção, treinamento, comercial e marketing.

Nossa rotina também podia ser comparada com uma orquestra. Cada instrumento com sua partitura específica, tempo e afinação distintos, todos distribuídos em um conjunto harmônico. Cada integrante, com suas habilidades individuais, tem um papel essencial e contribui para o resultado final da apresentação. A diversidade de timbres, ritmos e nuances musicais se une em uma sinergia coordenada para criar uma performance equilibrada e emocionalmente impactante. A união das partes é fundamental para o sucesso da música executada. Se algo está fora dessa ordem, o resultado final, certamente ficará comprometido.

E foi isso que aconteceu comigo. Eu estava fora de ordem. Enquanto ajudava a Marilda com a NOSSA RH, dedicando partes de minhas noites e fins de semana, mantinha meu emprego, exercendo minhas obrigações com a mesma qualidade que sempre ofereci. Mas eu começava a sentir que dividir minha energia não era o suficiente para manter a qualidade em nenhum dos dois negócios.

O crescimento da nossa empresa impactou diretamente na minha disponibilidade de tempo. As noites e os fins de semana já não eram suficientes para dar conta de todo o trabalho. Depois de muitas noites de reflexão e meditação sobre qual caminho eu deveria seguir, tomei uma decisão e fiz uma proposta para a empresa onde eu estava registrado.

— Eu trabalho meio expediente, recebo metade do salário e, em seis meses, vou preparar alguém para me substituir.

Aceitaram!

Essa decisão representava abandonar a segurança de um emprego estável e embarcar em uma nova aventura empreendedora, uma área onde os riscos eram altos e onde eu não possuía experiência. Depois de finalmente decidir trilhar esse novo caminho, percebi a importância de definir objetivos claros, acreditar e seguir adiante sem medo de errar.

Foi a partir desse momento que nos propusemos a construir algo grandioso. Visualizamos uma empresa diferenciada e de sucesso. Estabelecemos objetivos claros, o que nos ajudou a manter o foco e a superar desafios que surgiram pelo caminho. Isso foi fundamental para direcionar nossas ações.

Quando sabemos o que queremos, definimos com exatidão nossos objetivos e criamos um senso de propósito que nos impulsiona à ação. Isso nos dá uma sensação de direção e nos ajuda a superar as dificuldades que encontramos ao longo do caminho. Quando temos uma visão clara de onde queremos chegar, é possível ajustar as estratégias, aprender com os erros e manter o foco naquilo que realmente importa.

Portanto, a relevância de definir objetivos vai além do sucesso em um empreendimento. O objetivo é apenas o ponto de partida para transformar sonhos em realidade e para construir um futuro sólido. Não importa quão desafiador seja o caminho, quando sabemos para onde queremos ir, encontramos a motivação necessária para seguir em frente e alcançar aquilo que antes parecia inalcançável.

Evoluímos para um pequeno escritório na rua Morretes, no bairro Portão, em Curitiba. Com duas mesas e um computador CP 500 emprestado, começamos a planejar e organizar o futuro do nosso negócio.

Em cada desafio que enfrentamos, encontramos soluções criativas e nos adaptamos às necessidades do mercado. Nossa empresa continuou a crescer, conquistou clientes e tornou-se referência em recursos humanos. Nossa sincronicidade nos guiou em cada passo do caminho, fortalecendo nosso vínculo e nosso sucesso.

Hoje, vejo como cada encontro e cada coincidência, contribuíram para a realização dessa jornada. Não há dúvidas de que estávamos destinados a encontrar um ao outro e construir algo significativo juntos. A NOSSA RH é mais do que uma empresa, é a materialização de nossa conexão única e de nossa paixão por transformar vidas através de empregos que permitem realizar sonhos, conquistar autonomia e dignidade.

Há trinta anos, a ideia estava clara: queríamos criar uma empresa de Recursos Humanos que colocasse as pessoas em primeiro lugar. Nossa visão era a de uma empresa transparente, com comunicação aberta e colaborativa, onde cada membro da equipe se sentisse valorizado e capaz de contribuir para o crescimento. Queríamos transmitir essa abordagem aos nossos clientes e criar uma parceria sólida e duradoura.

Com base na nossa experiência de recursos humanos em grandes organizações, sabíamos das dificuldades enfrentadas na contratação, substituição, integração e treinamento de funcionários. Decidimos seguir por um caminho inovador, buscando formas personalizadas para atender clientes e prestar serviços.

Marilda e eu compartilhávamos a mesma visão de um atendimento diferenciado. Era certo que cada empresa/cliente possuía valores, culturas e métodos de gestão únicos, o que refletia diretamente nos processos de contratação e retenção de pessoas. Por outro lado, também era verdade que todos têm sonhos a serem realizados, e para muitos, a única forma de alcançá-los é por meio do trabalho.

Portanto, proporcionar a vaga de emprego adequada e compatível para um indivíduo seria a melhor maneira de oferecer a ele uma oportunidade de concretizar seus sonhos. Ao mesmo tempo em que garantimos a dignidade e as condições para que um funcionário alcance autonomia e independência, oferecemos à empresa um profissional dedicado, disposto a acreditar no projeto e ajudar o negócio a prosperar.

As ferramentas estavam em um atendimento com qualidade, rapidez e eficiência. Os princípios fundamentais da integridade, da ética e da transparência eram exemplos na nossa conduta. Trabalhar de forma honesta e transparente para criar uma reputação de confiança em todas as relações com empresas e candidatos foi a tônica dos nossos negócios desde o início.

Diante das inúmeras expectativas que nutrimos quanto ao futuro de nossa empresa, tornou-se evidente nosso compromisso de operar de maneira distinta daquela executada por todas as outras empresas atuantes no mercado de recursos humanos.

No dia 23 de setembro de 1993, nasceu a NOSSA RH. Começamos a publicar anúncios de vagas nos jornais convidando as pessoas a entregarem seus currículos em nosso escritório. Em pouco tempo, uma grande quantidade de candidatos começou a aparecer. O processo era simples: eles preenchiam um formulário com informações básicas, e seus currículos eram cuidadosamente arquivados em gavetas separadas por área de trabalho.

Éramos o núcleo da empresa. Desde os contatos iniciais, passando pelas negociações com os clientes, e chegando até o processo final de contratação, faturamento, e recebimento, tudo estava sob nosso controle. Contratamos nossa primeira funcionária, uma estudante de psicologia e amiga da Marilda. Explicamos a ela que não tínhamos condições de pagar salário, e ela concordou. Entedia que aquela era uma oportunidade de adquirir experiência profissional.

Em busca de mais clientes, a NOSSA RH expandiu suas atividades e passou a atuar em diversas áreas. Assumimos responsabilidades em recrutamento e seleção de candidatos, treinamento de funcionários, avaliação e gestão de desempenho, programas de cargos e salários, administração de benefícios e gestão da folha de pagamento. Abraçamos todas as tarefas relacionadas à gestão de pessoas. Sempre que algum cliente pedia um treinamento específico para seus funcionários ou gerentes, encontrávamos uma maneira eficaz e personalizada de atendê-lo.

Quanto mais o volume de trabalho crescia, mais percebíamos que era necessário otimizar o tempo e, em meados dos anos 1995, tínhamos a tecnologia a nosso favor. Contratamos um software para processar a folha de pagamento dos nossos vinte clientes. Com essa ferramenta digital e uma impressora matricial, o que antes demandava uma semana para ser feito passou a ser produzido em uma tarde.

A cada desafio enfrentado, encontramos soluções criativas e nos adaptamos às demandas do mercado. Com dedicação e paixão pelo que fazíamos, a NOSSA RH crescia rapidamente e conquistava uma reputação sólida. Sabíamos que estávamos no caminho certo para transformar a maneira como os clientes e os candidatos às vagas de emprego eram tratados no mundo corporativo.

Mas havia tropeços no meio do caminho. Depois que o técnico instalou um novo programa de folha de pagamento, realizou os testes no software e imprimiu alguns documentos para verificar se estava tudo em ordem, ele disse:

— Prontinho! Agora vocês já podem usar. Neste final de semana, viajarei para a praia. Caso ocorra qualquer problema, resolveremos na próxima segunda-feira, pois estarei incomunicável.

Sem telefones celulares o único meio de comunicação instantânea eram os telefones fixos e os aparelhos de FAX. Porém, se o procurado não estivesse no local da chamada, de nada adiantava.

Hoje entendo que ele estava nos aconselhando a não utilizar o programa durante o fim de semana. Contudo, tínhamos a obrigação de entregar a folha de pagamento pronta para todos os clientes da NOSSA RH na próxima segunda-feira pela manhã. No sábado bem cedo, imaginamos que levaríamos ainda menos tempo para realizar o trabalho de impressão. Por isso marcamos um passeio com nossos filhos no sábado à tarde. A certeza era tanta que tínhamos programado o retorno à cidade para o domingo.

O susto veio quando o computador levou mais tempo que o habitual para iniciar e o pânico se instalou de vez quando ele não iniciou corretamente. Todas as tentativas de reinicialização foram em vão. A única opção era ligar e desligar no botão ON/OFF e esperar que ele carregasse o sistema. Mas a cada reinício forçado, uma nova falha no carregamento. Foi uma grande frustração.

A possibilidade de entrar em contato com o técnico era remota, mas ainda assim tentamos repetidamente. Nossa esperança era que ele tivesse desistido da viagem e que ainda estivesse na cidade para nos socorrer. Nossa esperança acabou quando percebemos que a manhã estava acabando e não podíamos mais esperar.

Diante da situação, a única opção era calcular todas as folhas de pagamento manualmente, datilografar os holerites em uma máquina de escrever e usar papel carbono para garantir que o documento tivesse duas vias. Depois, ainda precisaríamos conferir todas as informações para que nenhum erro passasse despercebido. Foi isso que fizemos durante todo o dia de sábado e também no domingo, até o início da madrugada. Às oito horas da manhã de segunda-feira, estávamos na rua com os pacotes das folhas de pagamento e os relatórios complementares de todos os clientes. Como havia sido combinado, entregamos tudo no prazo estipulado.

Mesmo à custa de sacrifícios pessoais, da família e de muito trabalho braçal, nosso compromisso era cumprido rigorosamente com prazos e qualidade. Pouco a pouco, a NOSSA RH começou a crescer. Quando o espaço físico do escritório ficou pequeno, alugamos um sobrado com dois andares. Nessa época nossa empresa já contava com catorze funcionários.

O número de clientes foi crescendo e mantínhamos o atendimento em quase todas as áreas de recursos humanos. Estávamos prontos para atender todas as necessidades dos nossos clientes.

Foi então que constatamos um paradoxo. Havia muito trabalho, mas o retorno financeiro, ao longo daqueles dez primeiros anos, era decepcionante. As conversas com Marilda giravam em torno das dificuldades para manter a empresa funcionando nas muitas áreas de atuação, da forma como administrávamos os vinte funcionários e da carteira de clientes que continuava a crescer. O esforço era tremendo e a dedicação consumia cada vez mais tempo, enquanto isso, os rendimentos que recebíamos com os lucros mal davam para custear as despesas familiares.

A situação parecia insustentável. A rotina era desumana e exigia que trabalhássemos todas as noites e nos fins de semana. Marilda já enxergava que seria preciso fazer uma escolha: desistir do negócio ou buscar uma mudança significativa. Às vezes, quando tudo parecia estar dando errado, ela me parava em um canto e falava:

— Emílio, vamos fechar a empresa, sei lá! Eu não quero mais essa vida para nós.

Aquele desabafo era previsível e esperado. Nossas crises como casal haviam extrapolado o ambiente doméstico e se estendiam ao ambiente de trabalho. Os reflexos se tornaram desagradáveis para nós dois. Era preciso ter muita maturidade para conviver nas vinte e quatro horas de todos os dias sabendo os momentos certos para falar sobre os filhos e os momentos certos para falar dos clientes. Era natural que houvesse uma mistura entre esses assuntos.

Foi nessa crise que apareceu a oportunidade de vender a NOSSA RH. Um investidor do mercado mostrou interesse pelo negócio. Uma semana depois do primeiro contato ele estava no nosso escritório acompanhado de uma soberba irritante. Andou por todos os cômodos da empresa, analisou cada detalhe do negócio e fez muitas perguntas. De volta à nossa sala, sentados em volta de uma mesa de reuniões, ele logo abriu sua proposta.

— Olha, esse montante que vocês estão pedindo é muito alto. A empresa vale no máximo um quinto desse valor e eu não vou pagar nada mais que isso. Vejam esse assoalho! Para começo de conversa, tem que fazer uma grande reforma. Tem que trocar os equipamentos. Tem que colocar muito dinheiro aqui. Então, façamos assim. Vocês me vendem a empresa pelo valor que eu ofereço e continuam a trabalhar para mim por mais quatro anos. Nesse período, vocês treinam uma nova equipe para que eu possa tocar a empresa sem vocês. Essa é a minha proposta. Sugiro que vocês não demorem para responder.

Esperei ele sair da sala de reunião e olhei nos olhos da Marilda. Percebi que a grande ferida em meu orgulho era também uma grande ferida na minha companheira. Foi simultânea nossa manifestação de revolta diante da medíocre proposta recebida. Minutos depois, continuando a conversa, e ao contrário do caminho que a revolta nos levaria, decidimos que era o momento de pensar no futuro.

— Não venderemos mais a empresa, Emílio. Vamos reestruturá-la e fazer a NOSSA RH. Vamos valorizar e organizar melhor nosso trabalho. Além dos defeitos e críticas apontadas, este investidor percebeu qualidades e valor no negócio. E essas qualidades são o que de fato fazem a diferença. As questões físicas e estruturais podem ser facilmente reparadas.

Tomamos nossa vida em nossas próprias mãos e nos tornamos arquitetos do nosso próprio futuro, moldando-o através de cada ação que tomávamos.

Nossa primeira atitude foi contratar uma consultoria de gestão e uma coaching que nos ajudou a organizar a vida pessoal e a profissional. Com o tempo, essa Mestra, como passamos a chamá-la, conseguiu trazer ordem às nossas responsabilidades, então percebemos que era possível conciliar a empresa e a família. Quando ficou claro que o caos e a ordem não são inimigos, mas sim a dança eterna da criação, entendemos que tudo dependia da forma como colocávamos nossa atenção ao que estava acontecendo.

Abandonamos vários projetos que nos sugavam energia e concentramos nossos esforços naqueles que considerávamos de extrema importância. Com esse reequilíbrio, reconhecemos uma verdade: não poderíamos ser responsáveis por todos os processos da empresa, era preciso delegar responsabilidades. Assim, iniciamos a formação de novos líderes, pessoas que não pensavam exatamente como nós, mas que compartilhavam conosco os mesmos valores e o mesmo propósito. Após essa constatação, começamos a respirar novos ares de prosperidade.

Foi nesse momento, com dez mil horas ou dez anos de empresa, que fizemos renascer o sonho da NOSSA RH. Orgulhávamo-nos do fato de que a empresa estava fundamentada em princípios sólidos de honestidade, ajuda mútua e confiança.

Porém, mais ou menos nesse período, verificamos duas situações que nos entristeceram e, ao mesmo tempo, nos ensinaram profundamente. Primeiro, veio a descoberta de que um dos nossos funcionários, em cumplicidade com o gerente de um posto de combustíveis, acrescia valores às notas de abastecimento e depois cobrava da empresa. A diferença que ele recebia era repartida com o funcionário do posto. Depois, em outro momento, um de nossos office boys retirou folhas do vale-refeição de um colega sem permissão.

Foram dois casos isolados de desonestidade em um curto espaço de tempo, questionamos toda a nossa jornada e os dez anos que dedicamos para construir as bases da nossa empresa. Será que ainda não estávamos conseguindo transmitir adequadamente os valores e os propósitos para nosso time?

Não poderíamos permitir que isso acontecesse. Estivemos juntos em todos os momentos e entregamos o nosso máximo para elevar a empresa a um nível de excelência.

Quando as ondas do destino levaram embora as pedras por onde atravessaríamos a correnteza, escolhemos erguer uma nova ponte em vez de permanecer estacionados e lamentando à margem do rio. Fizemos uma introspecção e percebemos que o problema não estava na filosofia ou nos princípios, mas na forma como comunicávamos essa filosofia e esses princípios aos funcionários, clientes e candidatos.

Era preciso ser mais claro nessa comunicação e isso só seria possível se nosso exemplo fosse visto como um modelo de conduta.

Eu, meu pai e os amigos dele estávamos pescando lambaris e tambiús, uma espécie de lambari com o rabo amarelo, em um rio perto de Itararé. Cada um de nós estava em um ponto do rio, cada um com seu samburá de nylon verde. O meu estava amarrado em um galho no barranco, mergulhado dentro do rio. Foi um dia em que a pesca rendeu muitos peixes. Eu estava orgulhoso, prestes a encher o meu samburá.

Quase na hora de ir embora eu, criança e cheio de empolgação, recolhi minha vara de pescar e apressadamente enrolei a linha e prendi o anzol. Faltava puxar a corda que segurava o meu samburá mergulhado dentro do rio para manter os peixes sempre vivos e frescos.

Mas eu era criança e queria mostrar a todos a minha conquista. Peguei na corda e puxei. Para minha surpresa, o peso foi tanto que a rede de nylon se rompeu no fundo e permitiu que todos os peixes, ainda vivos, escapassem e fossem lentamente embora pelo rio. Chorei! Ah, como chorei... Desolado, segurando o samburá vazio em pé ao lado do rio e sem saber o que fazer, chorei.

Meu pai sentou-se ao meu lado e me entregou um novo samburá.

— Não se preocupe filho! Vamos pegar todos os peixes de novo. A vida é assim. Jamais desista. Vamos começar uma nova pescaria.

Ele olhou para seus dois amigos, Leônidas e Leonel, que imediatamente se prontificaram a ajudar a encher o novo samburá. Lançaram as iscas no rio e começaram a pescar novamente.

Durou umas duas horas. Eu sorria com a mesma alegria e satisfação de antes, vendo meu samburá se encher novamente. Até hoje posso ouvir meu pai me dizendo:

— Não desanime, não desista. Se algo não der certo, comece de novo. Você sempre pode contar com a ajuda dos seus amigos. A vida é uma tela em branco e cada dia é uma oportunidade de pintar um novo quadro.

Hoje, me lembro também da frase de Chico Xavier: "Embora ninguém possa voltar atrás e fazer um novo começo, qualquer um pode começar agora e fazer um novo fim".

A AJUDA NÃO VERDADEIRA, OU AS CONSEQUÊNCIAS DA AJUDA EQUIVOCADA

"Não podemos permitir que, com nosso dinheiro, sejam realizadas coisas no mundo que jamais permitiríamos, se as conhecêssemos."

Joan Antoni Melé – Dinheiro e Consciência

Era um tempo de transformação, de reconstrução e de remodelação. Nossa empresa passava por uma metamorfose, enxugava projetos redundantes e cortava as amarras que drenavam nosso tempo e recursos. Voltamos nosso olhar para a qualidade para proporcionar um ambiente de trabalho onde a felicidade e a satisfação pudessem florescer. Nossos valores formaram a base da nossa missão: auxiliar pessoas a encontrar um trabalho significativo e ajudar empresários a descobrir talentos prontos para brilhar.

Essa transformação não foi um terremoto que sacudiu a empresa de uma só vez, mas uma sutil mudança de clima, uma evolução quase imperceptível que fluiu ao longo do tempo. Cultivamos a confiança em nossos funcionários, delegamos tudo o que foi possível e concedemos autonomia para que tomassem decisões. Diminuímos nossa mira e, como estratégia, concentramos nosso foco em nossa *expertise* e no que pudesse trazer melhores resultados. Com a consultoria e o *coaching* para os sócios, desenvolvemos um planejamento estratégico e definimos que, no prazo de até três anos, seríamos a melhor empresa de recursos humanos do estado do Paraná.

A mudança de perspectiva foi revolucionária. Em vez de nos torturarmos com sonhos não realizados, passamos a ver a empresa como um todo, percebendo a magnitude do impacto que poderíamos ter. Novos clientes começaram a surgir, trazendo consigo talentos prontos para serem descobertos. Os resultados financeiros começaram a aparecer e os investimentos planejados puderam ser realizados, principalmente em novas contratações, treinamento e ferramentas de tecnologia.

No final dos anos 1990, começamos a informatizar a empresa, mas esse processo foi lento. No início do novo milênio ainda operávamos em um sistema analógico: caneta, catálogos, arquivos e papel, muito papel. O acervo de currículos da NOSSA RH era um labirinto de metal cheio de gavetas e pastas organizadas alfabeticamente por profissão.

Havia um departamento próprio para administrar esse sistema analógico. A tarefa principal era localizar e organizar os currículos conforme a demanda. Para manter a empresa eficiente, criamos uma regra de ouro: um currículo não devia ficar arquivado por mais de dois anos sem atualização. Se um candidato não conseguia colocação nesse período, era convidado a preencher um novo currículo. Se ele não era localizado ou não comparecia, o currículo era desarquivado. Essa rotina criava montanhas de papéis que precisavam ser descartados. Guardávamos tudo em caixas que ficavam sob as escadas.

Um dia, Marilda me fez uma pergunta que despertou uma antiga paixão. Ela indagou se não era hora de começarmos a fazer algo fora da empresa, algo que realmente fizesse a diferença na vida das pessoas. Fiquei incerto sobre o que ela pretendia, mas logo entendi que estava falando sobre a necessidade de cuidar para não gerar resíduos desnecessários e dar o destino correto para aqueles que fossem gerados.

Embora a cidade de Curitiba já estivesse engajada com reciclagem há algum tempo, a quantidade de papel que produzíamos era assustadora. Era o resultado de um sistema ainda não informatizado.

Marilda já tinha um plano: criar um programa de sustentabilidade dentro da NOSSA RH. Todo descartável gerado pela empresa seria destinado à reciclagem e o dinheiro recebido pela venda do material seria investido no bem-estar dos funcionários. Começamos a transformar o mundo de dentro para fora, não pela quantidade relativamente irrelevante de material que gerávamos, mas pela consciência ecológica que começava a brotar em nosso time.

Nasceu assim o programa Nossa Parte – Responsabilidade Consciente. A logo apresenta pessoas de mãos dadas, caminhando do interior da empresa para o exterior. No emaranhado da vida, encontramos a verdadeira beleza nas conexões genuínas que forjamos com aqueles que cruzam nosso caminho. A adesão dos funcionários foi intensa e, logo, materiais recicláveis começaram a ser trazidos de suas casas. Comemoramos os primeiros resultados com um churrasco, patrocinado pelo pagamento recebido pela venda de papéis. Estava dada a largada. Agora, era manter e cuidar.

Apesar da alegria daquela conquista, sentimos que ainda não era o suficiente. Queríamos ajudar ainda mais a sociedade, não por ostentação ou por aplausos, mas porque sentíamos a vontade de poder fazer a diferença na vida de alguém.

Com esta premissa, de não só cuidar do meio ambiente, mas também e principalmente fazer a diferença, conhecemos uma instituição que acolhia crianças em situação de vulnerabilidade social.

A instituição era administrada por uma voluntária que doava a própria vida e a alma ao Lar. Sem ela, nada funcionava. Todo mês, eu e Marilda visitávamos a instituição para saber do que precisavam. Se faltava carne, comprávamos o suficiente para alimentar todas as crianças por um mês. Se era leite, comprávamos logo várias caixas. A alegria daquela mulher e das crianças era nossa maior recompensa.

Naquele mesmo ano, por sugestão de uma conhecida, fomos visitar uma escola para indivíduos com deficiência auditiva em Curitiba. A diretora da escola, conhecendo nossa experiência no ramo de recursos humanos, expressou suas frustrações sobre as tentativas de encontrar trabalho para seus alunos. Foi então que decidimos, como empresa de recrutamento, que poderíamos ajudar na inserção de pessoas surdas no mercado de trabalho.

Pouco tempo depois, durante um jantar beneficente em um restaurante da cidade, encontramos um colega que atuava como diretor de recursos humanos de uma grande indústria. Falamos sobre nossas iniciativas sociais, sobre a expectativa de criar um horizonte para as pessoas com deficiência e sobre a satisfação de poder fazer algo para transformar este mundo em um lugar melhor.

Sabíamos que ele se preocupava com questões relacionadas às diferenças sociais e que tinha um ótimo relacionamento com a comunidade. Ele comentou que também havia sentido o desejo de ajudar de alguma forma e que havia assumido a presidência de uma ONG que atendia pessoas em processo de recuperação de dependência química, então, aproveitou a oportunidade para me convidar a conhecer o projeto. Após algumas visitas e reuniões, entendendo a situação da instituição, aceitei fazer parte do conselho de administração da ONG.

Assim, em pouco tempo, a NOSSA RH ajudava a manter um Lar para crianças, encaminhava pessoas com deficiência auditiva para o primeiro emprego, ajudava o meio ambiente reciclando todo o material descartável gerado pela empresa e reinseria recuperandos da dependência química no mercado de trabalho.

Colocamos todos os projetos sociais sob o guarda-chuva do programa Nossa Parte. Com isso foi possível administrá-los de forma independente do restante da empresa. Nessa nova perspectiva, encontramos um caminho, um novo propósito e, finalmente, nosso lugar no mundo.

Ao querer ajudar e, às vezes interferir, acabei aprendendo que cada acontecimento se desenrola no seu próprio ritmo, e que tentar acelerar qualquer processo para saciar uma ânsia pessoal pode levar a uma distorção do desfecho previsto.

Certa vez, ao regressar ao Lar das crianças, nos deparamos com a senhora responsável pelos pequeninos em um isolamento cada vez maior. Ela perseverava na tarefa de orquestrar a vida daquelas jovens almas lidando com um voluntariado incerto que frequentemente a abandonava nas funções rotineiras. Era muito comum ela assumir as tarefas do Lar até que outro voluntário aparecesse.

Durante uma de nossas conversas, explicamos sobre a necessidade de começar a formar possíveis sucessores para o projeto que ela conduzia com tanto amor. Era visível que ela era o coração pulsante daquele Lar, mas era preciso ter gente comprometida com as funções da cozinha, da limpeza, da logística e da administração. Nossa visão indicava que se algo acontecesse àquela senhora, logo o Lar estaria desamparado e, inevitavelmente, as crianças retornariam aos abismos de onde conseguiram escapar.

No entanto, ela não se sentia confortável com a ideia de que alguém pudesse interferir na forma que conduzia o seu projeto. Para ela, a maior ajuda que poderíamos oferecer era continuar trazendo alimentos e roupas para as crianças.

Quando tivemos consciência de que nossas tentativas para contribuir com o projeto eram ineficazes, e percebendo que o volume de doações materiais atendia com certa folga as necessidades daquela instituição, decidimos que era tempo de buscar outros projetos onde nossa ajuda seria mais bem aproveitada.

Concentramos os esforços e os recursos na ONG de recuperação de dependentes químicos. Nessa ocasião, o presidente, cansado e com alguns problemas de saúde, desejava renunciar e insistia para que eu assumisse seu lugar.

Embora parte da ONG estivesse vinculada a uma igreja, os recursos eram escassos e insuficientes para manter a organização viva. Cada mês era uma batalha para pagar as contas básicas de pessoal, água e luz. Restava ainda menos para a alimentação e as esporádicas doações não conseguiam supriam as necessidades de todos.

Fazer um planejamento financeiro era impossível e a situação se mostrava cada vez mais desanimadora. Em alguns meses as doações eram quase inexistentes. Em outros, como em vésperas de Natal e de Páscoa, havia uma mobilização comunitária significativa e os fundos da ONG aumentavam consideravelmente. O problema estava na administração dessa montanha-russa de doações. Quando o caixa ficava farto, o dinheiro era usado para comprar cestas básicas, presentes e chocolates para as crianças e para as famílias dos assistidos.

— Por que vocês não usam esse dinheiro que entra com maior abundância para planejar o pagamento das contas ao longo do ano? Qual a vantagem de comprar presentes para o Natal se em janeiro não terão dinheiro para pagar a conta de luz?

Meus questionamentos e sugestões esbarravam nas vontades dos doadores e dos representantes da igreja. O desejo, em épocas festivas, era realizar uma celebração que irradiasse prosperidade para toda a comunidade. Depois que tudo acabava, poucos voltavam para ajudar e as dificuldades financeiras regressavam, como se aquele fosse um estado de normalidade.

Outro problema era a falta de compromisso. O conselho tinha nove integrantes, mas era pouco atuante. Nas reuniões, apenas três ou quatro pessoas apareciam. Geralmente era apenas o presidente, sua esposa e eu.

Mesmo assim, continuamos a ajudar. Quando a situação da ONG se tornava crítica, completávamos os recursos com o caixa da empresa e as contas mais urgentes eram quitadas. Embora não concordasse com essa forma de administração, mantinha um feixe de esperança de que os dependentes que tinham sido reintegrados ao mercado de trabalho se tornassem capazes de se reestabelecer na sociedade. Isso, por si só, já seria uma recompensa valiosa.

Durante uma das nossas reuniões de planejamento e avaliação, percebemos que o processo de inclusão social dos surdos não estava alcançando efetividade nem resultados satisfatórios. Os funcionários com deficiência auditiva que ajudamos a incorporar ao mercado de trabalho não estavam conseguindo manter suas vagas. Também havia uma dificuldade com gestores de empresas que não haviam sido preparados adequadamente para receber esses profissionais. Com isso, algumas empresas relocavam os funcionários com surdez em funções de menor importância, onde eram tratados sem qualquer cobrança ou exigência por resultados. Em outras situações, sua deficiência era ignorada e eles passavam a ser cobrados por resultados equivalentes a outros funcionários sem deficiências. O quadro só era mantido quando a empresa tinha necessidade de cumprir cotas determinadas pela legislação. Havia poucos com a intenção de aproveitar as contribuições desses indivíduos e desenvolvê-los.

Para piorar o cenário, percebemos que alguns funcionários com deficiência se aproveitavam de suas condições para não cumprir tarefas e arcar com responsabilidades, e utilizavam suas dificuldades como justificativa para atrasos, ausências e falhas.

Com os recuperandos da dependência química os resultados não foram diferentes. Eles enfrentaram dificuldades de adaptação aos novos trabalhos e foram alvo de certa intolerância e cobrança excessiva por parte de alguns gestores. Seria necessário fornecer acompanhamento e orientação efetiva, mas isso inviabilizava o trabalho, então decidimos abandonar o projeto.

Confesso que nesse momento eu sentia um misto de decepção e desilusão. Tudo o que queríamos era oferecer à sociedade uma oportunidade. Não queríamos entregar tudo de bandeja, pagar todas as contas, resolver todos os problemas. Queríamos apenas que aqueles que viveram à margem da sociedade tivessem a chance de recomeçar. Queríamos que tivessem uma segunda chance.

Oferecer uma oportunidade de ajuda e um incentivo para conquistar a independência e a dignidade era o mínimo. Todos passavam por um processo de adaptação e treinamento para sua nova rotina. Prontos, buscávamos uma oportunidade de trabalho com salário justo. Acreditávamos que com esses incentivos eles aproveitariam a oportunidade para começar a dar os próprios passos em busca de sua independência, mas não foi isso o que aconteceu.

Então, o que deu errado?

Essa reflexão me atormentava, me consumia. Sentado em uma cafeteria, eu observava o caos desenfreado da cidade, pessoas cruzando as ruas apressadas, veículos tentando vencer o sinal amarelo para ganhar algum terreno no engarrafamento inevitável mais à frente.

Onde estou falhando? Ofereço emprego, alimento, oportunidade... O que mais é necessário?

Na esquina de um dos cruzamentos, uma família se aconchega sobre um pequeno cobertor. A mãe, encostada no muro, amamenta seu bebê naquela sombra final antes que o meio-dia transforme tudo em uma grande fornalha. O pai, sentado no banquinho, observa o vai e vem das pessoas. Aos seus pés, um pedaço de papelão com algumas palavras escritas à carvão.

Na rua, um menino que não devia ter mais que oito anos, circulava entre os carros parados no sinaleiro. Ele percorria um a um, estendendo a mão em forma de concha, implorando por uma esmola. Ninguém parece se comover. Pelo contrário, os vidros que ainda estavam abertos tentam subir para evitar o contato visual.

O menino retorna à calçada assim que o semáforo muda para o verde e aguarda pelo próximo vermelho, pela próxima chance de pedir ajuda. Uma vez mais, ele forma uma concha com as mãos e vai de carro em carro pedindo por uma moeda.

Em um dos carros, ele para. Há um movimento vindo de dentro. Observo um homem sem expressão fazer o gesto de abaixar o vidro. Contudo, o vidro se abre apenas o suficiente para que seus dedos, segurando uma pequena moeda, possam passar.

Assim que o menino pega a moeda, o vidro sobe e o motorista se recolhe em sua cápsula de isolamento. Agora, um traço de sorriso se faz presente no seu rosto e no da mulher no banco do passageiro. Talvez eles sigam seu caminho mais aliviados, mais contentes, pois naquela tarde ajudaram uma criança que pedia dinheiro em um cruzamento qualquer da cidade.

O menino também segue seu caminho, sorridente. Talvez o valor da moeda não importe. Talvez ele nem mesmo compreenda o valor do dinheiro, mas conseguiu a ajuda que buscava.

Ajuda?

Uma revelação veio como um sopro de lucidez e isso me levou a uma introspecção profunda. A imagem do menino e da sua família, o conceito distorcido de ajuda que se repetia naquele cruzamento urbano, tudo isso se infiltrou em minha consciência e me fez buscar um novo ponto de vista. Não demorou muito para que eu encontrasse uma analogia interessante, não na selva de concreto, à qual eu estava habituado, mas em uma floresta de verdade.

Recordo-me bem daquele dia, enquanto folheava alguns livros infantis em uma livraria, um título me chamou a atenção: *Crise Financeira na Floresta*. O livro, de poucas páginas, foi escrito por Ana Paula Hornos e ilustrado por Cláudio Martins. Enquanto os desenhos representavam a doçura inocente dos animais, a história me levou a uma reflexão sobre temas comuns da vida cotidiana como economia, finanças e a importância de ajudar o outro para conquistar resultados melhores.

A história começa assim: em uma floresta próspera onde todos os animais vivem em constante harmonia, a moeda corrente são os próprios recursos naturais. De repente, o consumismo desenfreado, a inconsequência sobre poupar e o impacto das dívidas dão início a uma crise financeira na floresta. Os animais são forçados a encarar os problemas e começam a procurar soluções criativas para tentar restaurar a paz e a harmonia. Então, surgem os anciãos sábios e alguns jovens entusiastas que se mostram líderes deste processo de reequilíbrio.

Aos poucos, todos os animais percebem que é preciso trabalhar em equipe e, com uma linguagem muito simples, eles aprendem a importância de valores como poupar, consumir com consciência e organizar um planejamento financeiro para evitar novas crises.

Com estratégias bem criativas, começam a experimentar coisas novas como a reciclagem, o uso sustentável dos recursos naturais e a criação de um fundo onde todos vão contribuir para garantir que, em futuras emergências, a paz e a harmonia não sejam abaladas novamente.

Observando a sequência destas reflexões, a imagem do menino pedindo esmolas e a história da floresta em crise financeira, percebi uma semelhança impressionante.

Ambas as histórias falam de recursos, do valor que atribuímos a eles e como essa atribuição de valores pode ser distorcida, seja em um cruzamento urbano ou em uma floresta animada. Mais importante, ambas nos lembram que a ajuda vai além de um ato isolado. Ela exige consciência, planejamento e colaboração.

No fim das contas, a lição que tirei destas duas histórias é que a ajudar não é apenas um gesto de caridade momentâneo, mas a vontade de contribuir para um sistema mais justo.

O que eu estava praticando até o momento não era a ajuda que eu verdadeiramente queria oferecer!

AJUDAR É UM FLUXO DE ENERGIA

"Quanto mais uma coisa tem de essência, tanto mais tem de atividade, e tanto menos de passividade. Pois é certo que o agente age pelo que tem, e o paciente padece pelo que não tem."

Espinosa – Breve Tratado de Deus, do Homem e do Seu Bem-Estar

Assim como a maioria das famílias formadas nos anos 1960, fui educado com uma mentalidade baseada na escassez. Acreditava que todos os recursos eram limitados e, por isso, era preciso competir por eles para sobreviver e prosperar. Essa visão, forjada na época pós-guerra, nutriu em toda uma geração a crença de que a vida é uma incessante batalha pelo acúmulo e pela proteção de recursos, e que só é possível conquistá-los depois de uma competição acirrada com outras pessoas.

Meu pai, de certo modo, compartilhava essa visão. Tudo o que ele e minha mãe recebiam era contabilizado para cobrir as despesas da casa. Uma parte desses ganhos era guardado em contas poupança nos bancos da cidade. Ele acreditava que, dessa maneira, estava assegurando que nunca lhes faltaria nada na velhice.

Mas, mesmo que meu pai tivesse essa mentalidade, ele não manifestava o comportamento competitivo para conquistar as coisas. Pelo contrário, ele se dedicava a oferecer o que tinha de melhor aos amigos. Hoje eu entendo que meu pai sabia o que era o suficiente para ser feliz.

Na virada do milênio eu me via satisfeito, de certa forma. A NOSSA RH estava reestruturada, seus princípios e valores eram bem definidos e os resultados econômicos apareciam de forma consistente. Era a primeira vez que eu me sentia confortável e seguro com o rumo dos negócios. E, através do programa Nossa Parte, estávamos começando a dar os primeiros passos para devolver à sociedade uma parte das oportunidades que recebemos.

Deparei-me em um ponto de reflexão após uma conversa com um colega. Naquela tarde, enquanto tomava um café, expliquei a ele a visão da NOSSA RH. Falei sobre o que fazíamos de diferente da concorrência e como algumas atitudes simples foram determinantes para fechar grandes negócios. Em contrapartida, ele compartilhava as experiências de sua equipe e empresa, que também havia alcançado um status de bem-sucedida no mercado local. Não era uma competição para determinar quem acertava mais, pelo contrário, era uma troca de experiências profissionais que possibilitava olhar para novas oportunidades.

Quando eu apresentei os planos e expliquei que a proposta do programa Nossa Parte é ajudar a capacitar pessoas para que se tornem independentes em suas próprias jornadas, percebi que ele nunca havia considerado qualquer ação nesse espectro dentro do seu negócio. Mesmo assim, curioso, ele me questionou sobre como fazer isso. Fui sincero ao dizer que até aquele momento eu havia aprendido que estava ajudando as pessoas da maneira errada e que ainda estava em busca do sentido verdadeiro de ajudar. A reação dele me surpreendeu. Primeiro, ficou perplexo, depois achou engraçado e por fim, me respondeu incrédulo sobre minha verdadeira intenção com o programa Nossa Parte.

— Emílio! Por que você quer ajudar as pessoas? Você trabalha tanto, já passou por muitas dificuldades financeiras e agora, quando finalmente começa a ganhar dinheiro, quer pensar nos outros? Não deveria pensar mais em você? Na sua família? Você deveria ser mais previdente e fazer uma boa reserva para sua aposentadoria. Você nunca ficará rico se continuar investindo seu dinheiro nessas ideias.

É claro que ri. Rimos juntos e continuamos a tomar o café. Considerei aquele comentário uma manifestação da mentalidade da escassez e isso me fez perceber que minha mentalidade havia se transformado desde que eu era jovem. Essa percepção me trouxe confiança e fôlego para continuar em busca daquilo que eu acreditava ser meu propósito de vida. Mas ainda havia uma pergunta que precisa responder a mim mesmo:

"Por que eu quero ajudar as pessoas?"

Eu tinha uma série de respostas prontas: "Ajudar as pessoas é uma maneira de contribuir positivamente para o mundo", "Sinto satisfação pessoal ao ver que posso fazer a diferença na vida de alguém", "Quero retribuir a ajuda que recebi ao longo da minha vida", "Acredito que ajudar os outros pode criar um efeito positivo em cascata", "Quero ajudar a tornar o mundo um lugar melhor para todos".

Eu me esforçava para tornar esses pensamentos verdadeiros e livres de qualquer egoísmo. Não estava em busca de elogios ou de reconhecimentos. Mesmo assim, não conseguia desvincular a ideia de que queria ajudar as pessoas porque foi isso que meu pai me mostrou durante toda sua vida. Foi ajudando os outros que eu o vi sendo feliz de verdade.

A referência de meu pai era o motor da minha motivação. Ele era, e ainda é, o meu exemplo. Tudo aquilo o que o vi fazer de bom, busquei repetir em minha vida. Parte do meu sucesso é merecimento por ter seguido os passos dele.

Mas meu pai já não estava mais ao meu lado.

Ao me dar conta disso, me vi à beira de um precipício. A outra margem parecia muito distante para arriscar um salto. Não havia um caminho preestabelecido para seguir em frente. Apenas um longo abismo até a outra margem.

Fechei os olhos e refiz a pergunta para mim mesmo.

"Qual é a minha motivação para querer ajudar as pessoas? Por que eu quero ajudar?"

Foi então que comecei a construir, tijolo por tijolo, uma nova ponte. Eu precisava atravessar até a outra margem. Lá, eu sabia, iria encontrar a minha própria verdade.

Nunca vou esquecer de um funcionário que acabou se tornando um amigo. Nos conhecemos quando montamos um escritório de consultoria. Ele foi contratado como digitador para as pesquisas que realizávamos com os clientes. Desde o princípio, percebi que ele tinha um talento incrível para lidar com números.

Ele era uma pessoa educada e sem vaidades. Se comunicava com simplicidade e sua aparência era marcada por um estilo despojado, pouco preocupado com a combinação das roupas que vestia. Além disso, era notável que tinha o hábito de não respeitar os horários de trabalho e das reuniões.

Não tinha família, esposa nem filhos. Parecia viver a vida loucamente. Seu salário servia para as festas, baladas, comidas e bebidas. Seu estilo de vida e sua negligência em aspectos fundamentais, como cuidados pessoais e pontualidade, ofuscavam seu potencial.

Embora essa postura despertasse alguns julgamentos precipitados, por trás das roupas amassadas e de seu hábito de sempre chegar atrasado, escondia-se uma pessoa extraordinária. Ele tinha uma capacidade de compreensão que surpreendia a todos.

Para ele, problemas matemáticos e estatísticos pareciam um passatempo de criança. Mesmo os assuntos mais complexos que exigiam os níveis mais profundos de conhecimento, eram facilmente resolvidos.

Sempre o admirei pelas suas qualidades. Seus defeitos – se é que posso assim qualificar sua forma espontânea e descontraída de ser e de levar a vida – nunca foram motivos para que eu pensasse o contrário.

Em pouco tempo, mas depois de muitas conversas, consegui convencê-lo a entrar em um curso de Estatística. Tão logo se formou pela Universidade Federal do Paraná, recebeu uma proposta para ser professor assistente, tamanho era seu talento. Acabei o ajudando a melhorar um pouco seu estilo e ele passou a utilizar roupas novas para o novo emprego. Foi neste momento que nossas vidas seguiram por caminhos diferentes, a dele, guiada por seu próprio mérito.

Num último encontro, antes de nos despedirmos, dei a ele um despertador como presente, era uma brincadeira em forma de provocação, mas aproveitei a oportunidade para lhe entregar diversos conselhos para uma vida mais regrada e disciplinada. Vendemos a empresa de consultoria e nosso contato acabou se perdendo por vários anos.

Quis a vida, por qualquer razão, que nossos caminhos se reencontrassem anos depois. Ele, agora vivia em uma condição bastante complicada. Tinha uma filha que criava sozinho e, devido a problemas de saúde que ficavam cada vez mais sérios, já não conseguia trabalhar. Sem renda, deixou de pagar as contas e estava endividado.

Quem traçou o perfil de urgência dele foi a própria filha. Nos oferecemos para ajudar a custear o aluguel e a educação da menina e demos uma oportunidade de trabalho remoto para ele na NOSSA RH.

Ele sabia que estava vivendo um momento crítico e, mesmo querendo ser forte, não deixou o orgulho dominá-lo. Aceitou a ajuda e prometeu que devolveria tudo que havia recebido tão logo conseguisse. Nossa resposta a ele foi uma contraproposta. Tão certo ele estivesse de poder e querer retribuir a ajuda, deveria fazer isso não para nós, mas para outras pessoas que de fato merecessem e necessitassem.

Acredito que quando nos deparamos com uma pessoa como esta, alguém com um potencial incrível, mas que luta contra seus próprios problemas, é difícil não querer estender a mão. E embora nem sempre nossas ações resultem na mudança que esperamos, pelo menos temos a certeza de que tentamos fazer o melhor.

Enquanto eu contava essa história para outras pessoas, muitas vezes ouvia um comentário que o julgava: "Ele está colhendo o que plantou". Mesmo entendendo que o caminho havia sido construído por ele, e que tudo aquilo era resultado das atitudes que ele cultivou ao longo da vida, esses julgamentos e comentários me incomodavam.

E me incomodava porque eu não estava contando a história dele para expor seus erros, muito menos para destacar minhas ações. Eu não falava sobre como a empresa ajudava ONGs e projetos sociais para que os outros nos rotulassem de "Os Sociais". Eu estava tentando encontrar uma forma de mostrar para a comunidade a importância do simples ato de ajudar sem esperar nada em troca.

Ao narrar histórias como essa, eu enfatizava um valor diferente. Queria mostrar um caminho onde era possível expressar gratidão pela vida ajudando o próximo. Eu queria mostrar que ajudar as pessoas me proporcionava uma felicidade indescritível. Não era por egoísmo, mas pelo prazer de poder fazer algo por alguém.

Mas, eu tinha dificuldade para explicar esse sentimento. Pouco a pouco, percebi que falar sobre esse assunto poderia transparecer certa arrogância ou dar a entender que eu estava sendo vaidoso.

Essa sensação de vaidade passou a me atormentar. Enquanto procurava descobrir minhas motivações para ajudar os outros, eu ainda me encontrava preso à dificuldade de explicar o porquê de eu fazer aquilo.

Lembrei-me de uma história que meu pai costumava me contar sobre São Francisco de Assis.

Certa vez, São Francisco estava viajando pelos arredores de Assis quando viu um leproso à beira da estrada. O leproso estava coberto de chagas e parecia estar sofrendo muito. Apesar de sentir repulsa pelo cheiro e pela aparência do leproso, Francisco sentiu um forte impulso de ajudá-lo. Ele superou seu medo e se aproximou para oferecer ajuda.

Francisco beijou suas chagas, pois sabia que sua saliva tinha propriedades cicatrizantes. Surpreendentemente, o leproso começou a se sentir melhor e mais confortável. Agradecido, ele se afastou e desapareceu na estrada.

Francisco sentiu um imenso alívio e alegria por ter conseguido ajudar o leproso, mesmo que apenas um pouco. Ao retomar seu caminho, ele continuou refletindo sobre o ocorrido.

Foi nesse momento que uma iluminação ocorreu para Francisco. Ele percebeu que o leproso era, na verdade, uma manifestação de Cristo.

A compreensão da ajuda trouxe a Francisco uma felicidade indescritível, como se um fluxo de luz e amor transpassasse seu peito.

Essa história sempre me tocou profundamente. Ela me mostrou que ajudar o próximo é muito mais do que apenas um ato de bondade. É uma forma de conectar-se com algo maior, de tocar a essência divina presente em cada ser humano.

Mas há ainda outra história de São Francisco que é muito importante na minha vida. Logo depois que ele decidiu abandonar a riqueza de sua família, saiu pelas ruas dando aquilo que tinha consigo para ajudar os que precisavam.

Certa vez, Francisco entrou na igreja de São Damiano para meditar diante de um crucifixo. Enquanto estava mergulhado em suas reflexões, ouviu uma voz que o chamava.

"Vá Francisco, e restaure Minha Casa!"

A princípio, ele se assustou, mas logo compreendeu que era uma mensagem de Deus. E entendendo que a Casa de Deus era a igreja de São Damiano, começou a juntar materiais para o trabalho de restauração. Enquanto levantava uma pedra, seus olhos encontraram um amigo de sua juventude. Na tentativa de levar Francisco de volta para a casa dos pais, ele disse:

— Francisco, estou aqui para te ajudar.

— Houve um dia em que eu acreditei em palavras. Se você realmente deseja me ajudar, junte-se aos outros, agache-se e carregue a primeira pedra.

Ao pronunciar essas palavras, Francisco se abaixou, pegou uma pedra e, sem dizer mais nada, virou as costas para o amigo e continuou a carregá-las. O amigo compreendeu a lição e, querendo ajudar, abaixou-se, pegou outra pedra e carregou até a construção.

Nessa busca para encontrar a verdadeira motivação para ajudar as pessoas, encontrei na história de Francisco a inspiração para continuar minha jornada. Eu sabia que, ao ajudar os outros, estava abrindo espaço para que algo grandioso e transformador pudesse acontecer dentro de mim e ao meu redor.

A ajuda pode ter várias formas, mas no fim das contas, todas as formas de ajuda, quando verdadeiras, representam a mesma energia e geram a mesma frequência.

Tales de Mileto (cerca de 624 a.C. – cerca de 546 a.C.), filósofo, matemático, astrônomo e engenheiro grego que viveu na cidade de Mileto, na costa da atual Turquia, é considerado um dos Sete Sábios da Grécia Antiga e é frequentemente chamado de "pai da filosofia" ocidental.

Uma de suas reflexões mais conhecida é a "teoria da água". Segundo ele, a água era a origem de tudo. Naquele tempo, ele observou que a água tinha a capacidade de transformar-se em diferentes estados. Ao se tornar densa, se transformava em terra, quando aquecida, virava vapor. Esse vapor, ao se resfriar, retornava ao estado líquido, completando assim um ciclo contínuo que dava origem a todas as coisas existentes. Foi assim que ele estabeleceu a ideia de que a natureza era governada por leis imutáveis.

Embora a teoria de Tales, hoje, seja cientificamente questionada, sua reflexão leva a entender que o papel da água é ser um elemento dinâmico, em constante movimento de transformação. Se algo provoca uma mudança no seu estado líquido, ela logo passará a outro e isso vai se repetir sempre que for provocada.

A mesma coisa acontece com a ajuda.

A ajuda é uma energia que precisa fluir.

Adam Grant é um psicólogo e escritor americano conhecido por suas pesquisas sobre liderança, trabalho em equipe e comportamento organizacional. Recentemente li seu livro, Dar e Receber, e diante de todas as provas que ele apresenta sobre os benefícios de dar, doar e ajudar o próximo como caminho para o sucesso, um trecho me chamou a atenção.

"Isso é o que eu acho mais magnético nos doadores. Eles chegam ao topo sem cortar os outros, encontrando maneiras de expandir o bolo que beneficiam a si mesmos e as pessoas ao seu redor. Enquanto o sucesso é uma soma zero em um grupo de tomadores, em grupos de doadores, pode ser verdade que o todo é maior que a soma das partes"

E é isso! Ajudar é aproveitar uma oportunidade. Ajudar alguém é promover a reverberação da prosperidade.

Querer ajudar alguém é uma ação que transcende os limites do egoísmo. Quando a ajuda é verdadeira ela promove um fluxo contínuo de energia, criando um movimento de reverberação que se propaga, uma frequência que vibra em harmonia.

Se eu ajudo alguém uma situação menos favorável, eu crio um efeito cascata de generosidade. Esse efeito pode continuar a partir da pessoa que recebeu a ajuda. Ela certamente encontrará alguém que está em situação menos favorável que a dela para oferecer algo e esse fluxo poderá continuar para sempre.

Também é verdade que, ao ajudar alguém, eu libero energia para receber ajuda de outros indivíduos, permitindo que aqueles em posições mais elevadas ou com maior capacidade de auxílio, apareçam para me oferecer ajuda.

O fluxo de energia promovido pela ajuda é um movimento de reverberação infinita. É como se cada pessoa conseguisse visualizar uma balança dentro de si. Nela, em um dos pratos, pesamos o número de oportunidades que estamos dando, e no outro prato, o número de oportunidades que estamos recebendo. Se nossa balança interna estiver em equilíbrio, então o fluxo seguirá contínuo e harmônico.

Mas nem sempre é assim. Às vezes nos deparamos com quem se aproveita da ajuda para garantir a permanência na zona de conforto. E não são raras as histórias para ilustrar de que forma esse modelo de como ajudar pode se tornar uma armadilha.

Um amigo uma vez me contou a história de um chacareiro que cuidava de uma de suas propriedades.

A chácara havia sido a casa daquele homem ao longo de quase trinta anos. Foi ali que ele começou sua família, onde seus filhos nasceram, cresceram e brincaram para depois seguir o rumo de suas próprias vidas.

Analfabeto, o pai não conseguiu transmitir aos filhos a importância de estudar e, demonstrando rebeldia com a disciplina, eles abandonaram a escola muito cedo. Dedicaram-se ao trabalho desde jovens e hoje vivem uma vida simples, cheia de apertos e dificuldades, migrando de emprego em emprego, mudando de área conforme a conveniência do salário.

O pai se manteve sempre disposto a ajudar os filhos na esperança de que eles alcançassem certa estabilidade. Assim, ao longo da vida, compartilhou com os eles um pouco da renda que recebia pelos cuidados da chácara e das roçadas.

A mesma coisa acontecia com o cartão de crédito. Estando os três endividados no rotativo do cartão, recorriam ao pai para compras de emergência, de comida ou remédios.

Pagar, raramente pagavam. Vez ou outra devolviam parte do valor gasto. E, assim, o pai seguia ajudando os filhos, sempre dando a eles tudo aquilo que precisavam, quando faltava ou quando eles pediam.

Certo dia, quando a fatura do mês chegou pelo correio, o pai se desesperou. A conta que se mantinha controlada agora extrapolava o valor em quase cinco vezes. Tentando entender o que havia acontecido, ligou para o banco e descobriu que o motivo para conta ter fechado tão alta naquele mês era o parcelamento de um aparelho celular que havia sido comprado em uma loja no centro da cidade.

O homem não demorou para descobrir que seu filho mais novo havia usado o cartão para comprar o celular. Ao questiona-lo, recebeu a promessa de que seria reembolsado pela compra antes mesmo da data do vencimento da fatura.

É claro que isso não aconteceu. O pai pagou a dívida e, irritado com o comportamento do filho, cancelou o cartão, suspendendo assim os benefícios dos outros dois filhos.

Meses mais tarde, ele desabafava:

— Sabe, antes os meus filhos viviam me ligando para pedir o número do cartão pra comprar uma coisinha ou outra, mas depois que eu fiz aquele negócio de cancelar o cartão eles nem me ligam pra saber se eu estou vivo ou se estou morto.

Outra pessoa que conheço tem um problema parecido, mas com um irmão.

Ela é uma empresária bem-sucedida. Construiu uma boa carreira e hoje vive muito bem com tudo o que conquistou. a questão é que ela é uma dentre cinco irmãos. Desses, três conseguiram se estabilizar, mas o mais novo não teve a mesma trajetória.

Há anos ela ajuda esse irmão e a família dele em tudo o que precisam. Começou acolhendo os sobrinhos e os direcionando para boas escolas, pagando seus estudos. Dos três, apenas um conseguiu seguir para uma faculdade e, da mesma forma, ela pagou a faculdade do sobrinho e ajudou com os custos dos materiais, transporte e alimentação.

Recentemente, alugou um apartamento para os três jovens e passou a pagar o aluguel e o condomínio. A proposta é que a ajuda de custo dela cessasse quando eles conseguissem se estabelecer em um emprego. Todos os meses ela manda um valor em dinheiro para o irmão bancar despesas com alimentação, vestimentas, entre outras coisas.

Não é raro que ela receba ligações pedindo mais dinheiro para um tratamento odontológico, para uma compra emergencial, ou para gastos com o cartão de crédito.

E essa minha amiga continua a ajudar, ajudar, ajudar...

Mas, a ajuda que ela oferece parece estar chegando num ponto de colapso. Enquanto conversávamos, ela me confessou estar incomodada com a situação. Para ela, era claro que a forma como estava ajudando a família não levaria ninguém a partir para conquistar as próprias coisas. Tão pouco haveria neles o despertar de uma consciência que os fizesse acordar para a vida para enfrentar as dificuldades e animosidades do cotidiano.

— Emílio, será que eu estou ajudando de verdade? Ou estou atrapalhando?

Percebi o dilema daquele ser. Uma culpa terrível a consumiria se ela negasse ajuda ao irmão e aos sobrinhos. Da mesma forma, se sentia culpada ao decidir manter aquela ajuda que não provocava mudanças reais na própria família. Ela estava aprisionada a um modelo de ajuda equivocada, pois, na verdade, ela não sabia ajudar e não estava ajudando. O que ela estava fazendo era criar dependentes.

Essa reflexão me levou a perceber que havia algo muito simples por trás de todos os problemas e que, antes de eu compreender o meu caminho neste propósito, eu precisava entender como esse problema afetava a forma e os resultados de todas as ações.

Em uma região do Tibet, numa cidade onde todos os moradores tinham tudo e onde a cidade era maravilhosamente harmônica, havia um mosteiro que ficava no alto de uma montanha. Naquele templo, lá em cima, viviam os monges isolados, sempre em busca de conhecimento e aprofundamento espiritual.

Viver naquela cidade era maravilhoso, pois lá não faltava comida, não havia violência, não faltava emprego, e todas as pessoas podiam comer pelo menos três refeições por dia. Havia sim pessoas com muitas posses e pessoas com poucas posses, mas todos os moradores daquela cidade eram independentes e autônomos, ao mesmo tempo em que compartilhavam um sistema equilibrado de troca de serviços e recursos.

Uma vez por ano, no início da primavera, os monges se preparavam para sair do isolamento e, muito antes de o sol nascer, desciam as montanhas até o vilarejo. Escondidos, retiravam seus trajes e os trocavam por roupas velhas, sujas e rasgadas. Ao nascer do sol a cidade estava tomada por uma centena de mendigos.

Era impossível não se deparar com um mendigo. Eles estavam na frente do restaurante, no posto de gasolina, ao lado da prefeitura e na entrada do hospital Mesmo assim, as pessoas daquela cidade ainda demoravam para perceber aqueles seres sentados nas calçadas exibindo sorrisos simpáticos enquanto permaneciam com as mãos estendidas com as palmas para cima.

Aos poucos, os invisíveis iam ganhando forma, e os gestos das mãos esticadas com a palma para cima começavam a fazer sentido para os moradores. De moeda em moeda, de nota em nota, as pessoas começavam a doar sem ao menos questionar de onde teriam aparecido tantos mendigos de um dia para o outro naquela cidade onde a miséria não existia.

No fim do dia, quando todos os moradores voltavam para casa, os monges se reuniam de novo às margens da cidade, juntavam tudo o que haviam arrecadado e distribuíam em pequenos pacotinhos com valores parecidos.

Enquanto um dos monges, já no seu traje tibetano, seguia de volta para a cidade para devolver o dinheiro que haviam recebido, o restante retomava à escalada do morro rumo ao templo.

Ao chegar no local, já com a noite avançada, todos comemoravam o sucesso daquele dia. Havia sorrisos de satisfação e a alegria das histórias era contagiante. Era um dia mágico em que eles fugiam daquela rotina de meditação para experimentar algo completamente novo. No entanto, um dos monges que havia participado pela primeira vez daquele episódio procurou seu mestre.

— Mestre, não vejo sentido em descer a montanha para pedir esmolas e depois de arrecadar tanto dinheiro, devolver tudo para a cidade.

— Nossa missão, jovem monge, não é arrecadar dinheiro. Nossa missão é ajudar as pessoas do vilarejo a praticar o bem. Sem nossa ajuda, as pessoas lá de baixo nunca poderão experimentar a oportunidade de doar.

Nem todas as histórias têm um final feliz ou uma moral tão assertiva. Pelo contrário, na vida real os ensinamentos chegam até nós depois de muito sofrimento.

Meu amigo, o estatístico que reencontrei anos depois, agora lutava contra o diabetes. Depositava em seu tratamento todas as suas forças. Foi depois do transplante de rins que problemas ainda mais severos começaram. Uma rejeição ao órgão novo o obrigou a fazer hemodiálise. Seu estado de saúde piorou rapidamente, a covid chegou e ele faleceu ainda novo.

Sua filha, com quem sempre mantive contato depois de reencontrá-lo, era resiliente e demonstrava uma determinação admirável. Com apenas dezesseis anos e já trabalhando como menor aprendiz na NOSSA RH, ela apresentava um perfil de independência, mesmo na presença da mãe. Só que ela era só uma adolescente, e com a perda do pai, eu me preocupava a garota.

Certo dia, a chamei para conversar e perguntei o que ela desejava para o futuro e que tipo de ajuda nós poderíamos lhe oferecer. Ela, com os olhos marejados, me disse:

— Sabe, tio Emílio, meu pai sempre falou muito bem de você. Sempre que eu resmungava para fazer algo ou quando eu resistia a estudar, ele dizia "Filha, lembre-se do tio Emílio, trabalhe duro para ser próspera como ele. Estude para ser como ele".

Ela fez uma pausa, recuperando o fôlego, e continuou:

— Quando a doença chegou e vocês começaram a nos ajudar com os custos da cirurgia, dos medicamentos e dos tratamentos médicos, meu pai passou a falar de você de uma maneira diferente. Ele dizia "Filha, devemos estudar e nos preparar, não para sermos prósperos como o tio Emílio, mas para sermos bons como ele".

Aquelas palavras tocaram meu coração. Ele era um amigo querido e, de certa forma, pude ver o fruto de todo o auxílio que pudemos lhe oferecer.

Ele cumpriu sua promessa e quitou sua "dívida". Conseguiu construir um legado para a filha: uma vida mais tranquila. Graças a seu trabalho, ele tinha um bom plano de saúde e um seguro de vida que poderá custear os estudos universitários da jovem. O aprendizado e o sentimento de gratidão que transmitiu à filha certamente ficarão para toda vida. Ela será uma pessoa tão boa como ele e ajudará tantas pessoas quantas precisem.

Foi nesse momento que compreendi minha verdadeira motivação para ajudar o próximo. Atravessei o abismo e do outro lado enxerguei meu propósito: tornar este mundo um lugar melhor para todos.

O VERBO ACREDITAR E A TEORIA DA HARMONIA

"Se você bate em uma porta, dezenas ou até centenas de vezes e não te abrem, o normal é ir embora. Mas quando se tem persistência, você vai em casa, busca uma escada e pula a janela. De jeito algum aceitaria ficar de fora e perder a oportunidade de ser tão grande quanto você sempre sonhou ser."

Edu Lyra – Da Favela Para o Mundo

Certa vez, enquanto aguardava minha consulta com o dentista, li um artigo que explicava a Teoria do Caos. "Pequenas mudanças no começo de um sistema podem causar grandes diferenças no resultado." A ideia revela que mesmo coisas que parecem muito bagunçadas e desorganizadas podem ter escondida uma ordem que, a princípio, é bem difícil de compreender.

Imediatamente lembrei da metáfora que o meteorologista, físico e matemático Edward Lorenz criou para explicar a teoria. "O bater das asas de uma borboleta num extremo do globo terrestre, pode provocar uma tormenta no outro extremo no espaço de tempo de semanas".

A partir de então, mesmo me esforçando para compreender que a Teoria do Caos é apenas uma abordagem científica que busca entender o funcionamento de sistemas complexos e dinâmicos, e que ela não é nem positiva nem negativa, tive dificuldade para me desfazer da ideia de que ela, inevitavelmente, levaria as coisas para um desastre iminente.

Eu estava determinado a entender o que havia de errado nas minhas tentativas de ajudar. Queria descobrir qual seria o tipo de ajuda genuinamente verdadeiro. Um lampejo de luz se fez em mim ao ler aquele artigo. Percebi que a Teoria do Caos poderia ser uma inspiração para explicar como grandes mudanças podem acontecer quando decidimos praticar pequenas ações. Assim como a metáfora de Lorenz, precisei ressignificar a ideia.

Foi dessa forma que imaginei como seria descrever a Teoria da Harmonia.

A Harmonia é uma sinfonia eterna da existência, uma dança perfeita que une todas as formas de vida, elementos e energias em um equilíbrio intrínseco, fluindo suavemente através do cosmos em vibrações e frequências que transcendem dualidades, refletindo a essência indivisível de tudo o que é.

Embora o universo possa parecer aleatório, caótico e indiferente à nossa existência, há uma harmonia fundamental que governa o comportamento de todas as coisas. Cada partícula no universo está em ressonância com todas as outras partículas. Essa ressonância cria padrões complexos de interação que se assemelham a uma dança cósmica na qual as partículas interagem de maneira previsível e harmônica, mesmo que aparentemente aleatória.

Essa harmonia fundamental é vista como uma força unificadora que governa o comportamento de todas as coisas do universo, desde a menor partícula até as maiores estruturas cósmicas.

A Teoria da Harmonia sugere que a natureza é regida por um conjunto de leis fundamentais, simples e elegantes, que dão origem a padrões complexos e aparentemente aleatórios. Seriam essas leis as responsáveis por criar a diversidade e complexidade que vemos no universo?

No dia a dia, uma pequena vibração em uma pessoa poderia levar a uma reação em cadeia afetando outras pessoas ao seu redor. Essa oscilação seria capaz de mudar a vibração da frequência de um bairro inteiro, criando uma ressonância entre todos. Essa nova ressonância poderia então influenciar outras pessoas e criar padrões de comportamento no sistema como um todo.

A melhor metáfora para essa teoria é a história do Vestidinho Azul.

Em uma cidade distante, num bairro pobre, vivia uma menina doce que frequentava a escola local com trajes velhos e gastos. Seu professor, comovido com sua situação, refletiu sobre o assunto e pensou:

— Que dor sinto em meu coração ao ver uma aluna tão encantadora frequentando a escola com roupas tão pobres. Talvez eu possa me sacrificar e oferecer-lhe um vestidinho azul de presente.

E assim o professor fez.

Ao chegar em casa, a mãe da menina, vendo que aquele vestidinho azul realçava a beleza da criança, pensou ser inaceitável continuar mandando a filha para escola sem que ela tomasse banho todos os dias. Então, ela decidiu que iria banhar a menina todos os dias antes das aulas, para que ela se apresentasse sempre limpa e arrumada com seu lindo vestidinho azul.

E assim a mãe fez.

Uma semana depois, o pai, ao notar a transformação da filha, sentiu vergonha do estado em que a casa deles se encontrava. A cerca estava quebrada, as paredes sem pintura, o jardim era só um monte de terra com mato. Depois de pensar sobre o assunto, fez uma proposta para a esposa.

— Querida, não acha uma vergonha que nossa filha, tão bela e arrumada, viva numa casa tão precária? Por que não cuida da casa enquanto eu conserto a cerca, pinto as paredes e planto um jardim?

E assim o pai fez.

A casa da família humilde logo se renovou. As cores se destacavam do marrom e do cinza, e logo todos passaram a admirar a transformação daquela família. Inspirados, os vizinhos percebiam que não precisavam de muito para deixar suas casas mais bonitas e agradáveis, então, decidiram começar a transformar seus lares também.

E assim os vizinhos fizeram.

Um dia, um político que passava pela região ficou impressionado com as mudanças naquele bairro.

— É uma vergonha que pessoas tão trabalhadoras não recebam ajuda do governo.

E então ele decidiu que iria falar com o prefeito para criar uma comissão que estudasse as necessidades do bairro.

E assim o político fez.

E as comissões daquela cidade inspiraram outros políticos, e outros prefeitos, e por todo o país as pessoas passaram a reconstruir seus bairros carentes.

É incrível pensar que tudo começou com um simples vestidinho azul. O professor não tinha a intenção de mudar o bairro, tampouco de transformar um país inteiro. Mas ele fez o que podia, aquilo que ele acreditava ser possível, e foi esse seu pequeno gesto de ajuda que desencadeou uma grande transformação.

Foi em uma reunião que apresentei à Marilda e a alguns colaboradores próximos a necessidade de reavaliar a imagem da NOSSA RH. Argumentei que o mercado estava repleto de competidores e que eles estavam em busca da mesma fatia de mercado, clientes e candidatos. Para sobreviver e crescer nos próximos dez anos, seria preciso alinhar esse conhecimento com os princípios fundamentais da nossa empresa.

Adotamos o Nossa Parte como uma estrutura organizacional dentro da NOSSA RH. A filosofia do programa – transformar o ambiente em um lugar melhor através da responsabilidade, da inclusão social, da redução das diferenças e da melhoria na qualidade de vida para a comunidade e os funcionários – se tornou a base para a construção dos valores que seguimos até hoje.

Desde que iniciamos nosso negócio, nunca cobramos qualquer valor dos candidatos em busca de vagas de emprego. Sempre soubemos que uma pessoa em busca de uma oportunidade de trabalho, muitas vezes tem poucos recursos e está fragilizada. O pagamento pelos nossos serviços sempre foi realizado pelas empresas contratantes. Essa prática, diferente de muitas outras no mercado de recursos humanos, talvez tenha contribuído para a boa imagem e a credibilidade que temos junto aos candidatos e aos clientes.

Concordamos que todos os parceiros deveriam ser tratados de forma igual. Ninguém receberia facilidades ou benefícios em vantagem aos outros por qualquer que fosse o motivo. Isso nos levou a conquistar credibilidade entre nossos fornecedores.

Valorizamos a transparência e o respeito acima de tudo. Todos os impostos são recolhidos e pagos. Sem atalhos, sem subornos, sem discriminação, sem jeitinho.

Com muita organização, treinamento e disciplina conquistamos nossos selos de qualidade e recomendações elogiosas de alguns clientes importantes.

Não aceitamos nem oferecemos vantagens financeiras, presentes e favores, a honestidade imperou e sempre imperará em nossos negócios.

Esses valores consolidaram a empresa e mostraram aos funcionários e ao mercado que tínhamos uma visão muito clara de onde a NOSSA RH queria chegar. E, enquanto tudo ficava claro na estrutura empresarial, eu continuava com a sensação de que ainda faltava algo.

A lembrança do meu pai, sempre sorridente e compassivo, surgia como fonte de inspiração. Ele dedicou sua vida a cuidar de pessoas com hanseníase em Itararé. Naquela época, os doentes ainda eram chamados de leprosos, mas meu pai pouco se ligava para o nome da dor dos outros. Ele ajudava sem se importar com o que os outros pensavam, sem esperar nada em troca, e sempre que ajudava, fazia isso com um verdadeiro sorriso no rosto.

Naquele embalo da reconstrução da imagem da NOSSA RH, eu fiz uma proposta para a Marilda.

— Vamos criar uma ONG Marilda! Imagina só! Podemos começar tudo do zero e fazer do nosso jeito. Eu penso em algo como um Hospital Filantrópico. Imagine quantas pessoas não saem de suas casas todos os dias para vir para a capital em busca de tratamento. Eu sei das dificuldades, eu já experimentei esse medo, é terrível. Mas eu fui muito feliz, pois tive oportunidades, tive quem estendesse a mão para me ajudar. Pense! Um hospital acessível a todas as pessoas carentes e desassistidas. Não importa de onde alguém venha ou quanto dinheiro tenha, nós podemos oferecer atendimento e hospedagem para essas pessoas. Eu conheço alguns empresários, posso apresentar um projeto para eles. Tenho muitos amigos que sei que vão se interessar e ajudar.

Marilda me olhava com admiração, mas não consigo imaginar hoje se era pelo fato de o meu sonho ser tão grande ou se pela minha inocência em imaginar que poderia custear a construção, implantação e manutenção de um hospital com aquele porte que eu imaginava.

Mesmo assim, parti em busca de parcerias, acreditando que aquilo era possível. A todos eu dizia:

— O hospital vai se chamar Geraldo Morschel, em homenagem ao meu pai.

No entanto, bastou visitar alguns empresários e fazer algumas contas simples para perceber que eu teria de enfrentar aquele desafio praticamente sozinho. Havia pouca gente interessada no projeto e menos gente ainda com vontade de pôr a mão não massa. Depois de fazer alguns cálculos e projeções financeiras, além de dimensionar a burocracia para conseguir a documentação e outras nuances que talvez eu nem imaginasse que poderiam existir, percebi que o tamanho do projeto ainda era muito grande para mim e para Marilda.

Mesmo assim, não tinha desistido de criar uma ONG. E foi numa conversa com um amigo que uma centelha de razão pairou sobre meus olhos.

— Emílio, por que você quer criar uma ONG? Já tem tantas ONGs por aí. Por que criar mais uma se há tantas que precisam de ajuda para se manter?

Era uma boa pergunta.

Durante minha jornada em busca de um sentido mais profundo para tudo que me cercava, deparei-me com uma descoberta surpreendente, um livro que se revelou uma verdadeira joia. capaz de tocar minha alma e iluminar meu caminho nessa busca pessoal.

A obra do psiquiatra Viktor Frankl, *Em busca de sentido,* narra as experiências vividas por ele nos quatro campos de concentração que teve de enfrentar durante a Segunda Guerra Mundial. A cada página eu era envolvido pelos horrores e pela violência que os prisioneiros enfrentavam e, muitas vezes, mergulhado na imensidão do vazio da existência através de suas reflexões sobre o sofrimento humano.

Mas o que mais me fascinou nessa obra foi a mensagem de esperança e resiliência que persistia a cada virada de página.

Eu pude entender que, mesmo diante das circunstâncias mais terríveis, o ser humano tem a capacidade de encontrar um propósito de vida e superar desafios que surgem ao longo do seu caminho – mesmo que eles pareçam instransponíveis.

Para Viktor, o sentido da vida não deve ser buscado do lado de fora, mas sim, criado internamente por meio de nossas atitudes, escolhas e valores. Ele aponta a o amor, o trabalho e o sofrimento como elementos essenciais nessa busca por sentido. Frankl conta que mesmo nas situações mais difíceis, é possível descobrir um propósito e uma razão para seguir adiante.

É comovente constatar que, mesmo diante das experiências mais terríveis, ele ainda teve forças para ajudar seus companheiros de prisão. E Viktor tinha uma única motivação para se manter vivo: um desejo ardente de reencontrar sua família.

Ler Em Busca de Sentido, foi como pular de cabeça em uma profunda reflexão sobre a essência humana. E, naquele momento, tive a certeza de que encontrar um propósito maior em minha própria vida estava ligado a promover algum tipo de ajuda que pudesse libertar as pessoas.

Foi então que algo mágico aconteceu. Como se uma antena capaz de sintonizar as organizações não governamentais tivesse sido ativada em minha mente, elas começaram a emergir diante dos meus olhos como pequenos milagres que iluminavam meu caminho.

Ajudar uma ONG que já existia era garantir que uma semente de árvore, que começava a germinar na terra, recebesse água e cuidados necessários para crescer até se tornar alta, frondosa e dona de sua própria existência.

O caminho da colaboração e da parceria se tornou tão claro como um dia ensolarado, e meu coração transbordou de gratidão por ter encontrado esse novo sentido para a minha vida.

Como uma dança harmoniosa, entre a concepção de novas ideias e a busca pela sinergia com as ONGs já criadas, descobri uma jornada gratificante e repleta de significado. Afinal, o verdadeiro propósito está não apenas em criar, mas em unir forças para promover um impacto transformador em nossa sociedade, abraçando a beleza de uma visão compartilhada.

Então, percebi que o programa Nossa Parte poderia se tornar o caminho para um propósito maior. Protegido por uma lista de princípios absolutos e amparado pela missão de oferecer a chance de um futuro melhor para cada criança e cada jovem que pudesse alcançar, eu estava pronto para dar o próximo passo.

O SEMEADOR E O LAVRADOR

"Apenas o conhecimento não basta; ele não tem coração. Nem todo o conhecimento do mundo conseguirá nutrir ou sustentar seu espírito, jamais poderá lhe proporcionar a felicidade ou a paz absoluta. A vida exige mais que conhecimento; ela exige sentimentos profundos e energia constante. A vida requer ação correta, para que o conhecimento tenha vida."

Dan Millman – O Caminho do Guerreiro Pacífico

No momento em que percebi que meu propósito era verdadeiro e real, fui tomado por uma paz indescritível. Analisei os processos que vivi e tudo se encaixou perfeitamente. Desde minhas primeiras lembranças até aquele dia, tudo se conectava de uma maneira extraordinariamente simples.

Mesmo que o propósito fosse encontrar um sentido verdadeiro para a ajuda, eu ainda tinha um objetivo maior para minha existência. Almejava alcançar uma vida plena, tranquila, feliz e saudável. Todas as noites antes de dormir, com os olhos fechados, entro em um estado profundo de concentração. Me imagino anos à frente, já idoso, com minha esposa, meus filhos e meus amigos. Nessa visão, eu brinco com meus netos em um ambiente repleto de felicidade.

Mas antes de alcançar esse estado de plenitude, seguimos, eu e Marilda, em busca das nossas pequenas metas. A empresa NOSSA RH crescia e alcançava o status de grande organização. O número de funcionários temporários e terceirizados já passava de mil pessoas. As políticas de administração se tornaram mais colaborativas e agora se estendiam aos funcionários. Compreendemos que, se quiséssemos obter mais, era necessário oferecer mais àqueles que estavam ao meu lado nesta jornada.

Nossa vida pessoal estava em sintonia com esse momento. Marilda e eu compartilhávamos a mesma visão de mundo e desfrutávamos do que havíamos construído como base para nosso futuro. Nossos filhos, quase todos formados e trabalhando, começavam a trilhar seus próprios caminhos com independência.

Movido pela curiosidade, explorei diversas escolas iniciáticas, religiões e filosofias. Agora, em contato comigo mesmo e seguindo em busca da minha própria vida, sinto que encontrei o caminho certo para continuar meu processo de evolução. Estou ciente de que ainda há um longo caminho com muitos desafios para percorrer.

Contava com ótimos amigos, continuava a pescar e, em uma nova fase, a leitura me apresentava caminhos inéditos e possibilidades que antes estavam invisíveis. Encontrava-me em paz!

Mas, a paz é um estado transitório. Quando refleti sobre os ensinamentos que meu pai me proporcionou, mesmo em sua simplicidade, compreendi que aquela verdade em que ele acreditava era apenas dele. Para mim, nascia agora uma nova verdade.

Essa percepção motivou-me a deixar aquele estado de paz para entrar em um novo estágio de inquietação. Impulsionado pela minha própria expectativa de encontrar um novo significado para aquele propósito, me provoquei a refletir sobre o destino para onde aquelas ideias me levariam.

O que eu faço agora que sou o dono da minha própria vida e da minha própria verdade?

Após um momento de serenidade, ao reconhecer o patamar inteiro que percorri, me deparo com uma barreira iminente diante de mim, como uma pequena parede. Mas meu olhar não se detém nela, vai além, descortinando uma vasta escada ascendente que se estende sem fim. Estou resolvido a escalar essa escadaria ciente de que a magnitude dos meus desejos determinará a altura dos degraus. Com desejos grandiosos, os degraus tornam-se mais elevados, transformando cada passo em uma conquista e cada nível alcançado em um marco de progresso.

Em uma praça da cidade, onde o concreto acinzentado encontra o verdejante jardim, avistei um banco desgastado pelo tempo. Sentei e percebi que os sons da cidade, que até aquele momento formavam uma sinfonia, agora, em contraste, se perdem sob o som das risadas das crianças que brincam na areia.

O parquinho, com cores e estruturas brilhantes ao sol, se torna um palco para a imaginação. Balanços voam, escorregadores desafiam, e a areia sob os pés das crianças se transforma em um terreno.

Uma menina, com não mais do que oito anos, pega um pedaço de madeira e começa a empurrá-lo pela areia. Ela imagina ser um carro. Seus amigos, prontamente, começam a desenhar ruas com as mãos e a criar obstáculos. Em uma rampa improvisada a menina faz o carrinho decolar e, no ar, o transforma em um avião. Os amigos se inspiraram e todos começaram a imitar aviões de todos os tipos com as mãos e, outros mais animados, com os braços abertos.

Após algumas voltas, o pedacinho de madeira retorna para o chão e se transforma em um navio. A areia é agora um vasto oceano cheio de monstros marinhos que querem afundá-lo. A menina, com muita habilidade, desvia de todos os amigos com manobras que desafiariam as leis da física. O navio então deixa de ser navio e os monstros marinhos voltam a ser crianças felizes. O pedaço de madeira cai ao chão e fica ali, imóvel, esperando que outra criança venha e lhe dê um novo significado. A menina corre para uma casinha de madeira, sobe por uma escada de cordas trançadas e grita:

— O último que chegar é mulher do sapo!

Aquela brincadeira mostra como uma liderança pode ser simples e sofisticada ao mesmo tempo. Na maioria das vezes, o mais importante para o sucesso do empreendimento está na capacidade de sermos nós mesmos, de mostrar nossos sonhos, acreditar neles e conseguir que outros, que estejam próximos, passem a acreditar e seguir "brincando" com a gente. Para mim, mais um segredo da liderança foi desvendado: ensinar aos outros tudo o que aprendemos.

Clodoaldo Barbosa é um advogado experiente e competente. Trabalha com foco na área comercial e de relacionamentos. Rosa Norberto é uma das melhores administradoras financeiras que já encontrei no mercado. Na época que entraram na empresa, décadas atrás, Marilda e eu não tínhamos a intenção de criar sucessores para o negócio. Nosso objetivo era formar uma equipe forte, alinhada com nossos propósitos e suficientemente competente para manter a empresa em constante evolução.

Nossa cultura de gestão nunca foi um processo refinado, ditado por ideias e conceitos sofisticados. No entanto, sempre fomos meticulosos e organizados. Nossa vantagem estava no formato como fomos treinados e no qual ganhamos experiência. Em um tempo no qual os computadores ainda não eram ferramentas acessíveis, precisamos aprender o mecanismo para que cada coisa acontecesse exatamente do jeito que devia acontecer.

Ao longo da história da NOSSA RH, implementamos alguns conceitos personalizados na administração da empresa. É verdade que alguns parceiros não entenderam bem esses conceitos. Outros não conseguiram acompanhar o ritmo de trabalho da equipe. No entanto, alguns funcionários mais dedicados e conscientes do propósito da NOSSA RH permaneceram aliados nesta jornada. Clodoaldo e Rosa são exemplos disso.

Neste ambiente, começamos a perceber quais condições transformaram a empresa no que ela é hoje. Implementei esses conceitos à minha maneira, sem preconceitos, compreendendo que aquilo era o melhor para todos.

Durante algumas reuniões de equipe, surgia um feedback:

— O produto já está criado, mas embora esteja bom, precisa de ajustes e aprimoramento antes de ser entregue ao cliente.

Eu permanecia fiel a um lema que norteava minha visão:

— É melhor o feito que o perfeito, ou, o bom é o inimigo do ótimo!

Acredito firmemente que se o cliente recebesse nosso pacote de serviços em sua forma atual, já estaria satisfeito. O refinamento que viria depois não era apenas viável, mas também uma oportunidade valiosa de engajar o cliente no pós-venda. Na verdade, era preferível entregar o produto em um estado competente e confiável, a protelar em busca de uma perfeição inatingível.

Em outras situações, os desejos do cliente se estendiam para além da nossa área de especialização. Era tentador para a equipe moldar nossas promessas e propostas para corresponder exatamente ao que ele buscava, mesmo que isso significasse um desvio significativo do nosso caminho usual. Nesses momentos, entrava o lema que aprendi com um amigo, consultor comercial, que formava e treinava excelentes vendedores.

— Não adianta perfumar o porco!

Para mim, era claro que tentar vender algo que não estava em nossa natureza e depois modificar essa natureza para satisfazer o cliente, era uma violência com nossos princípios. Além disso, poderíamos cair em armadilhas que comprometeriam a qualidade dos serviços prestados pela NOSSA RH.

Eu levava essas definições para as reuniões e as colocava de forma franca e natural. Para mim, era natural usar essas metáforas para explicar minhas ideias, mas em certo momento, após um desses discursos, onde estavam todos os funcionários da NOSSA RH, Marilda me chamou em um canto e com seu jeito doce e delicado me deu um conselho:

— Emílio, eu entendo o que você quer dizer com essas frases, mas não acha que elas podem gerar interpretações erradas? Alguém pode se ofender achando que está sendo chamado de porco...

Aquilo fez sentido para mim. Eu sabia que a maioria das pessoas tinha certa dificuldade para compreender alguns conceitos e que a qualquer hora eu poderia ultrapassar a linha tênue que me levaria a causar constrangimentos desnecessários. Não abandonei minhas ideias, mas reconfigurei minhas frases.

"Não adianta perfumar o porco" se tornou: "Vestir um lobo com pele de cordeiro não muda sua natureza".

Atentos a evolução da empresa e principalmente dos nossos funcionários, percebi que o Clodoaldo e a Rosa não apenas copiavam nosso estilo de liderança, mas também incorporaram uma forma de administrar a empresa que, em algumas ocasiões, era mais eficiente do que a nossa.

Então, um sentimento de apreensão e dúvida surgiu: treinamos todos os nossos líderes da melhor forma possível e agora eles estão voando mais alto do que poderíamos imaginar. Qual era a chance de um deles, ou todos, saírem da NOSSA RH para montar uma empresa concorrente?

Enfrentá-los no mercado, em busca dos mesmos clientes, era um desafio assustador, mas o que oferecer para garantir que eles permanecessem na NOSSA RH? Era preciso refletir para achar uma solução para esse paradoxo da sucessão da empresa.

Nesse emaranhado de rios, cada pequeno filete de água é a vida de uma pessoa. Alguns secam cedo demais, outros se perdem em caminhos distantes mesmo tendo nascido junto a outros rios. E há aqueles que superam os desafios de uma longa jornada. Uma floresta os obriga a mudar de direção, uma montanha se transforma em uma queda assustadora, e a travessia íngreme sobre as pedras é o cenário perfeito para manifestar sua fúria incontrolável através das corredeiras. Uma seca até pode diminuir a energia e a velocidade daqueles rios, mas quando sobrevivem a tudo isso, eles crescem e se tornam largos e profundos. De alguma forma, o rio da vida de cada um converge para um caminho que parece magnético. E, no fim, todos esses rios se encontram na fusão com o próprio oceano.

É assim que eu vejo a vida de cada pessoa ao meu lado, inclusive a minha própria.

Com o programa Nossa Parte, oferecendo às crianças e aos adolescentes a chance de ter um futuro melhor, já sentíamos que éramos responsáveis por algo maior do que apenas nosso sucesso financeiro. Compartilhávamos com a sociedade um pouco das nossas conquistas.

Camila Casagrande, do outro lado da cidade, dedicava-se a ensinar dança para crianças carentes. Utilizando os espaços ociosos das escolas durante os fins de semana, ela transformava salas de aula em palcos improvisados, onde os pequenos podiam expressar-se livremente através da arte. Mesmo após ter sido reprovada em um Trabalho de

Conclusão de Curso no qual defendia uma abordagem mais profissional e estruturada para projeto sociais e ONGs, Camila não se deixou abalar. Ela continuava a acreditar no seu sonho de fazer algo maior pelas crianças das favelas.

Em São Paulo, Edu Lyra voava alto com suas ideias revolucionárias sobre o papel das ONGs na sociedade. Através da Gerando Falcões, ele começava a apresentar ao mundo uma visão de gestão possível e transformadora para esse modelo de empreendimento.

Enquanto isso, no bairro Santa Quitéria, em Curitiba, um homem chamado Reginaldo dava uma entrevista em um programa de jornalismo. Ele pedia ajuda e doações de alimentos e roupas para sua ONG. O CID acolhia crianças das comunidades da Portelinha e do Jardim Santos Andrade.

Eu fazia exercícios em uma bicicleta ergométrica naquele sábado enquanto assistia televisão. Ao ver o depoimento do Reginaldo, peguei papel, caneta e anotei seu contato. Pensei, “Talvez eu possa ajudar de alguma forma”.

Mas ainda havia o paradoxo da sucessão da NOSSA RH!

Antes de nos preocupar com a boa formação que nossos principais líderes haviam recebido e incorporado, havia o sentimento de alegria e a satisfação de que parte do nosso dever estava concluído. Marilda trilhou o caminho recomeçando do zero e alcançou o status de bem-sucedida. Eu também havia percorrido a mesma trajetória, então certamente tudo estava dando muito certo.

Quando pensamos sobre o trabalho e a dedicação do Clodoaldo e da Rosa, decidimos oferecer a eles uma participação na empresa e uma fatia maior do nosso bolo. Aprendemos que quanto maior o bolo, maiores são as possibilidades de dividi-lo. Neste caso, iríamos dividir a empresa.

Dividir a empresa?

Essa ideia me parecia um pouco abstrata e fora de contexto considerando o futuro que eu imaginava para os negócios. Eu via a NOSSA RH muito tempo à frente, crescendo e conquistando cada vez mais clientes. Ao mesmo tempo, eu sabia que chegaria um momento em que eu e Marilda nos afastaríamos das operações e do controle da empresa.

Era nosso desejo ter tempo e condições para realizar nosso sonho de ajudar aos outros. No entanto, manter a empresa e perder os funcionários que haviam se tornado a identidade daquele lugar significava que teríamos que ter energia para reassumir todas as operações e, desse modo, buscar formar novos líderes com a mesma mentalidade. O paradoxo se fechava quando pensávamos que talvez a única solução fosse vender a empresa, mesmo que nós não quiséssemos vende-la. Não naquele momento.

Nosso objetivo era aumentar o patrimônio para garantir segurança financeira e um colchão confortável para nossos filhos no futuro. Nessa jornada, descobrimos que muitas pessoas que trilharam carreiras diferentes das nossas tinham uma mentalidade, ao nosso ver, egoísta. Quanto mais tinham, mais queriam ter.

Não nos víamos nesse perfil. Sempre dissemos que nunca nos aposentaríamos, mas queríamos reduzir o ritmo, trabalhar de forma a ter o suficiente e necessário para nos dedicarmos aos novos projetos e às novas realizações.

Dividir a empresa foi a alternativa mais inteligente para solucionar esse paradoxo. Em conversas, elaboramos um plano de carreira atraente para garantir a estabilidade dos diretores. Aproveitamos para adequar o planejamento estratégico e a estrutura da NOSSA RH. Definimos, em conjunto com os diretores e com a família que, de todos os resultados anuais gerados, três por cento seriam destinados a investimentos em projetos sociais. Esse percentual hoje é de cinco por cento e a proposta é de que, nos próximos três anos, possamos chegar a dez por cento.

Incrível como depois que essas decisões foram implementadas tudo começou a melhorar. Nossa equipe ficou mais engajada e comprometida. Todos entenderam e buscaram seguir em direção ao nosso propósito, pois perceberam que nossa intenção era compartilhar e retribuir parte do muito que havíamos recebido, e que também tínhamos o compromisso de continuar investindo para a prosperidade do negócio.

Com mais de vinte e cinco anos de NOSSA RH, começamos a mudar a rotina. Confesso que, para mim, que estava presente todos os dias na empresa, que sempre tinha a palavra final e era conhecedor de todos os detalhes, foi um processo de desapego. Hoje percebemos o quanto isso foi importante e necessário.

À nossa volta, vários empresários vivem apegados aos seus negócios e não abrem espaço para que as novas gerações ocupem seus lugares, mesmo que estejam muito preparadas.

Um professor me disse uma vez:

— Algumas pessoas trabalham muito além do necessário para que possam se tornar as pessoas mais ricas do cemitério.

Essa reflexão, sem dúvida, contribuiu muito em nosso processo de desapego.

A certeza de que tomamos a decisão certa aconteceu quando a empresa, no primeiro ano após a mudança, apresentou um crescimento significativo no faturamento e nos resultados. Desde então, à medida que a empresa cresce e melhora, nos dedicamos cada vez menos à sua administração.

Sim, ainda estamos presentes. Sentimo-nos um pouco como o semeador que plantou as primeiras sementes dessa grande árvore. E nos perguntamos sempre:

— O que seria das sementes se não existissem os lavradores?

Cabe a eles cuidar para que as plantas continuem crescendo frondosas e cheias de frutos.

Se ajudar significa oferecer a alguém a oportunidade de se tornar independente e alcançar seus objetivos, então não precisamos mais nos preocupar com isso. Em um circuito profissional e social, as empresas e ONGs que se relacionam com nossa filosofia têm condições de sobreviver por conta própria.

Com o endereço do Reginaldo – aquele senhor simpático e dedicado que cuidava quase sozinho das crianças e do projeto do CID no bairro Santa Quitéria – em mão, peguei meu carro e fui visitá-lo. Estacionei na rua e caminhei pelo pedaço de terreno aberto entre o mato até encontrá-lo. Ele me aguardava, preocupado, enquanto duas funcionárias da prefeitura atendiam dezenas de crianças da comunidade.

Faltava o leite para o dia seguinte. Naquela manhã, ele até havia conseguido alguns pacotes de pães que foram doados pelo dono de uma padaria. Não eram pães frescos, eram a sobra do dia anterior. Reginaldo os aceitava, mas por vezes, além de não serem o suficiente para todas as crianças, ainda faltava algo para passar no pão.

Foi assim meu primeiro contato com ele e com o CID. Naquele momento, fixei meu pensamento ali e percebi que aquela era uma grande oportunidade de ajudar. Eu queria fazer isso. Havia um potencial enorme para atender as crianças que viviam em comunidades carentes próximas. Eu tinha muitos amigos que também ficariam felizes em ajudar, então, buscando pelos nossos contatos, começamos a pedir ajuda.

E a ajuda veio mais intensa do que eu imaginava!

NASCE O INCANTO

"Percebi que, entre mudar o mundo e empreender, eu poderia ficar com os dois."

Kiko Kislansky – Muita Alma Nessa Hora

Entre as vielas estreitas e humildes de uma favela no bairro Santa Quitéria, em Curitiba, onde as cores se misturam numa sinfonia de vida, vive João. Um menino franzino, de olhos faiscantes que refletem sua inabalável determinação. Na moradia simples de tijolos desgastados, o garoto mora com sua mãe, Maria, e os três irmãos menores. Em meio à simplicidade do lar, eles compartilham um amor que transcende as adversidades.

Desde muito cedo, João aprendeu que a vida na favela não seria fácil. Presenciava, todos os dias, a dedicação incansável de sua mãe como diarista, em busca de sustento para a família. O dinheiro, sempre escasso, as necessidades, pulsando como desejos inalcançáveis. No entanto, o que mais ansiava era por uma oportunidade que lhe trouxesse um raio de esperança.

Na escola municipal, onde o conhecimento desperta como um farol em meio às incertezas, João encontrou um refúgio. A qualidade do ensino, embora limitada, oferecia-lhe a chance de aprender e sonhar. Era naquele ambiente que a merenda escolar, em determinados dias, tornava-se sua única refeição consistente.

Ao ouvir os acordes mágicos do violão ressoando nas noites quentes da favela, João sentiu uma paixão indomável incendiar seu coração. Ele queria expressar sua alma através da música, aprender a tocar aquele instrumento dos seus sonhos. No entanto, a falta de dinheiro lhe negava a possibilidade de ter um violão em casa ou de pagar um curso.

No coração dessa comunidade marginalizada, onde a vida se desdobra como um mosaico de desigualdades, reside Isabela. Uma menina de olhos reluzentes, que carrega em seu sorriso o brilho de um sol radiante. Com sua mãe, seu pai e os três irmãos, habita um modesto barraco de madeirite coberto de zinco. Embora o conforto seja escasso, o amor e a união são sua fortaleza.

A mãe de Isabela, trabalhadora incansável, e seu pai, auxiliar na construção civil, enfrentam jornadas extenuantes em busca do sustento da família. O tempo deles em casa é breve, chegam sempre exaustos ao final do dia. Apesar das dificuldades financeiras, sempre encontram uma maneira de proporcionar um prato de comida para cada um dos cinco irmãos.

Isabela, mesmo ciente de que, em breve, também terá que contribuir para o sustento da família, encontra refúgio nos livros que lê com avidez. Nas páginas que folheia, encontra asas para voar além dos limites impostos pela realidade. Ela sonha com um futuro diferente, onde quem vem da favela não nasça com o destino traçado. Antes de dormir, em suas orações, Isabela pede que o tempo abrande, para que ainda haja espaço suficiente para moldar seu próprio destino, rompendo com as correntes da desigualdade.

Em outra parte da favela, entre becos sombrios que escondem histórias de luta e desigualdade, vive Antônio. Um menino de aparência baixa e corpo esguio, que compartilha um barraco improvisado com sua avó, Dona Ana. Mesmo diante das condições humildes, o ambiente é permeado por uma força interior inquebrantável.

Abandonado pela mãe e desconhecendo a figura paterna, Antônio descobriu, desde tenra idade, que a sobrevivência seria uma batalha constante. Aos sete anos, tornou-se catador de recicláveis, percorrendo as ruas após a escola ao lado de sua avó, em busca de objetos de qualquer valor. Junto ao carrinho, Antônio carregava o peso do mundo, sem poder compartilhar suas angústias ou encontrar conforto.

Contudo, dentro de Antônio, uma chama ardente queima com intensidade. Ele sonha com um futuro em que as oportunidades brilhem à sua frente. Acredita que, por meio de seu esforço incansável, encontrará uma maneira de proporcionar um pouco de conforto para sua avó. Mesmo que os muros das grandes construções se ergam como símbolos de exclusão, ele nutre a esperança de romper as amarras que o aprisionam em suas circunstâncias.

João, Isabela e Antônio crescem na mesma comunidade, e compartilham sonhos e esperanças em meio às adversidades da favela. Porém, a realidade é implacável e deixa suas marcas, revelando o lado triste e sombrio que permeia aquela comunidade marginalizada.

A violência, como uma sombra sinistra, envolve a favela em seu manto escuro. Confrontos entre gangues e a presença do tráfico de drogas moldam os cenários do cotidiano. O som de sirenes - um sinal da presença policial -ecoa no ar, representando uma tentativa de restaurar a ordem, mas muitas vezes é em vão, perdendo-se entre os sons de disparos e gritos que interrompem a tranquilidade que uma vez existiu.

Uma exposição constante a essas condições precárias ameaça roubar a infância de cada uma das crianças que vive naquela favela, e em qualquer uma das mais de onze mil comunidades espalhadas pelo Brasil. A inocência de João, Isabela e Antônio é atropelada por uma maturidade precoce, fruto da necessidade de enfrentar realidades cruéis e desafiadoras. Suas brincadeiras dão lugar às preocupações, suas risadas são abafadas pelas responsabilidades do dia a dia.

A falta de oportunidades e perspectivas, aos poucos, constrói uma sensação de desesperança sobre todos os corações que outrora eram cheios de sonhos. A ausência de modelos positivos, a escassez de mentores e a influência negativa do ambiente levam alguns jovens a seguir caminhos obscuros em busca de soluções para suas frustrações.

Essa comunidade, então, mergulha em um círculo vicioso que parece não ter fim. A pobreza, a violência e a falta de oportunidades são forças opressivas, mas a maior das injustiças reside no olhar discriminatório da sociedade em relação a essas realidades, onde mesmo diante de problemas evidentes, muitos preferem fechar os olhos e se isentar de qualquer responsabilidade.

O isolamento separa as comunidades marginalizadas do restante da sociedade e faz com que as favelas se tornem ilhas imaginárias, transformando aqueles que vivem na periferia em seres invisíveis aos olhos daqueles que têm algum tipo de privilégio.

Algair Ernesto Alves foi um homem que enfrentou uma infância marcada por dificuldades extremas e isso o tornou dono de uma determinação inabalável. Nascido com um problema motor, desde criança viu-se privado do simples ato de andar. Passou grande parte de sua juventude no Pequeno Cotolengo, de São Paulo, um lar que acolhia crianças em situações de vulnerabilidade.

Após deixar a instituição que o acolheu e educou por tantos anos, Algair decidiu que era hora de retribuir ao mundo um pouco do amor e apoio que havia recebido ao longo de sua jornada. Assim, com sua determinação inquebrantável, fundou uma organização não governamental para ajudar crianças que viviam à margem da sociedade. Nasceu, então, o CID, Centro de Integração Digital, em 8 de abril de 2006, no bairro Campo Comprido, em Curitiba.

Foi pela generosidade de um amigo que a sede do CID encontrou um lar improvável. Esse amigo, dono de uma fábrica de pães que estava com dificuldades financeiras, decidiu ceder a Algair um terreno com uma casa no bairro Santa Quitéria. Assim, o local que antes estava abandonado, agora se transformava em um refúgio, um oásis de esperança para aqueles que mais precisavam.

A estrutura era modesta. Uma casinha velha de alvenaria, com problemas estruturais e um telhado com muitas goteiras. Todos os dias, o espaço acolhia crianças vindas das duas favelas próximas. Ali elas encontravam um lugar seguro e um ambiente acolhedor, propício para o aprendizado e a inclusão digital. Suas vozes eram ouvidas e suas desesperanças acalentadas.

A jornada de Algair foi árdua, mas a paixão e a vontade de ajudar aqueles que enfrentavam adversidades semelhantes às que ele próprio havia experimentado o fizeram continuar. Mas ele sabia que sozinho não conseguiria chegar a lugar algum.

Foi com seu amigo, Reginaldo Jung, que ele conseguiu a doação de alguns computadores velhos. Juntando todas as peças, conseguiram montar uma pequena sala de informática. Assim, uma vez por semana, as crianças tinham aula de inclusão digital com o Reginaldo que, voluntariamente, dedicava parte do seu tempo ao projeto.

Reginaldo conseguiu fechar um convênio com a Fundação de Ação Social da prefeitura (FAS), que disponibilizou duas educadoras sociais e uma auxiliar de serviços gerais para trabalhar na ONG atendendo as crianças e realizando atividades recreativas.

Em 2010, Algair faleceu. Seu projeto, o CID, se tornou uma lacuna que precisava de um novo líder. A responsabilidade de mantê-lo ativo recaiu sobre as mãos de Reginaldo e de sua esposa, Ângela. Juntos, eles decidiram dar continuidade ao trabalho do amigo e o projeto seguiu como um farol de luz para aquelas crianças que viviam nas favelas.

Eu já tinha clareza sobre o que precisava ser feito para colocar em prática minha nova filosofia de ajudar. Sabia que o verdadeiro sentido da ajuda estava em proporcionar para as crianças um tempo presente diferente da realidade que elas vivenciaram num passado recente. Só assim seria possível formar adolescentes capazes de lutar por um futuro melhor.

Os erros e acertos que eu havia cometido tentando ajudar estavam visíveis. Agora era fácil ver quanta gente havia se tornado dependente, e quantas outras valorizaram suas próprias virtudes e conquistaram a independência. Eu tinha certeza de que era preciso ir além, e que ajudar crianças em situação de vulnerabilidade era a coisa mais sensata a se fazer. A ideia de estimular e impactar positivamente a vida de uma criança para que ela pudesse despertar e enxergar um futuro melhor era a chave para que essa mudança reverberasse em seu meio, seus amigos e sua família.

Antes de aparecer na televisão para pedir ajuda, o Reginaldo enfrentou todos os desafios para manter viva a ONG criada por Algair. Mesmo com a ajuda do convênio municipal, a ONG sofria com a escassez de recursos e com pouquíssimo apoio externo. Manter as portas abertas só era possível, pois o Reginaldo sabia que a realidade que aquelas crianças enfrentariam sem a ONG seria cruel.

Para garantir um lanche para cada menino e menina do projeto, Reginaldo firmou um acordo com uma padaria próxima de sua casa. Todas as manhãs, às sete horas, ele passava para receber as doações de pães e doces que não haviam sido vendidos no dia anterior. Esse era o lanche de quem frequentava o espaço no contraturno escolar.

Mas, nem todos os dias havia pães, bolos ou doces o suficiente para todas as crianças. Para garantir que ninguém ficasse sem comer, Reginaldo complementava a quantidade de alimentos com seu próprio dinheiro. A mesma coisa ele fazia com as contas de água, luz e internet. Quando o dinheiro das doações não cobria os valores devidos, ele inteirava com seus próprios recursos para se certificar de que a ONG continuasse com as contas em dia e em pleno funcionamento.

Paralelo a essas funções logísticas e administrativas, ele também dava as aulas de informática às quartas-feiras e, nos outros dias, junto com sua esposa, Ângela, buscava doações, vendia rifas, arrecadava dinheiro, organizava eventos e festas de Páscoa, Dia das Mães, Dia das Crianças e Natal. Era incrível como, com pouco, eles conseguiam fazer grandes festas para as crianças e suas famílias.

Por muitos anos essa foi a rotina do Reginaldo. Alimentar e cuidar de cerca de setenta crianças todos os dias, garantindo abrigo seguro, atividades culturais, recreativas e comida. Mas a realidade não era romântica. Mesmo com o apoio da esposa e de um fiel escudeiro, Ovidio Kondo, a limitação de recursos tornava sua jornada exaustiva.

Em um período crítico, Reginaldo começou a pensar seriamente na possiblidade de abandonar o projeto caso não encontrasse um sucessor ou uma equipe que pudesse assumir. Foi no auge dessa crise e das dificuldades que o Reginaldo apareceu no telejornal naquela manhã de sábado enquanto eu fazia meu exercício na bicicleta ergométrica.

Lá, fui recebido calorosamente por Reginaldo. Por duas horas permaneci em silêncio. Ouvi toda a história do CID, desde sua fundação até a morte de Algair, e as inúmeras dificuldades enfrentadas por Reginaldo e sua esposa para manter tudo funcionando depois disso.

Eu percebi que o Reginaldo era um visionário, uma pessoa dedicada e apaixonada pelo que fazia, mas que estava sozinho e enfrentando muitas dificuldades. O cansaço e a sobrecarga começavam a impedir que ele enxergasse algum caminho que pudesse levar a uma situação melhor para a ONG.

Todos os dias as setenta crianças atendidas pelo CID chegavam das duas comunidades próximas à ONG. A equipe de apoio do Reginaldo era limitada e quase insuficiente para atender com o mínimo de atenção as necessidades daquelas crianças e de suas famílias. Grande parte delas carregava os problemas diários de uma família desajustada, da violência, do abandono e da total falta de recursos.

Além disso, a organização e a gestão do que era recebido, eram ineficientes. Era necessário desenvolver um planejamento para um orçamento de médio e longo prazo com o foco no atendimento das comunidades da Portelinha e Jardim Santos Andrade. Sem isso, qualquer esforço esbarraria nos muitos imprevistos que se repetiam semana após semana, desmontando qualquer ideia de planejamento.

A ONG contava com professores e profissionais voluntários. A maioria dava aulas e palestras, mas havia uma parte considerável desses profissionais que era descompromissada com os alunos. Sempre que um professor faltava, as crianças ficavam sem atividade.

Ao final da visita, cumprimentei o Reginaldo, olhei nos seus olhos e disse:

— Gostei de conhecê-lo.

Voltei à minha rotina na administração da NOSSA RH e comecei a compartilhar essa experiência nas conversas com minha equipe. Em uma nova visita ao CID, eles quiseram me acompanhar e lá, passaram a vislumbrar a possibilidade de ajudar de alguma forma. Evitei expressar o meu diagnóstico sobre o que precisava e deveria ser feito na instituição, mas para minha surpresa, eles chegaram à mesma conclusão. Faltava planejamento, orçamento, projetos e uma visão de futuro.

Porém, era necessário começar com as coisas mais simples, pois até mesmo o imóvel necessitava de melhorias e manutenção.

O primeiro passo foi comprar uma roçadeira para ajudar no corte do mato que dominava o terreno.

Chegamos na sede da ONG e entregamos o equipamento ao Reginaldo.

— Essa é uma pequena doação para sua ONG.

Ele aceitou com uma felicidade imensa e antes que pudesse dizer qualquer coisa, falamos:

— Reginaldo, nós vamos começar a ajudar você!

Seu sorriso se transformou em um olhar desconfiado. Era possível ler na sua expressão a grande dúvida que pairava em sua cabeça:

"Será que essas pessoas vão realmente me ajudar? Ou serão como tantos outros que passaram por aqui com a mesma conversa?"

Mesmo depois que nós começamos a participar da ONG, o CID manteve sua rotina. Atendia as crianças com o que era possível, oferecia alimentação, atividades recreativas, aulas de dança, luta e informática e contava com o apoio das três funcionárias cedidas pelo convênio com a FAS.

Aos poucos, começamos a coleta de brinquedos, doces e chocolates para as datas festivas, e para ampliar a arrecadação, montamos um bazar com roupas, calçados e objetos que recebíamos como doação. Ângela, a dedicada esposa do Reginaldo, era a responsável pela inspeção minuciosa de cada item recebido. Seu olhar crítico separava cuidadosamente o útil do descartável, e lamentavelmente, havia uma quantidade significativa de itens inaproveitáveis.

A visão de tantos objetos inutilizáveis era reveladora e, em alguns momentos, chocante. Ela encontrava roupas rasgadas, sapatos furados e objetos quebrados. A condição desses itens deixava clara a perspectiva equivocada que algumas pessoas tinham sobre o ato de doar. Uma parte considerável das doações estava em estado tão lamentável que não poderia, sequer, ser reaproveitada.

Essa realidade nos mostrava que algumas pessoas, sob o pretexto da benevolência e da contribuição com uma causa nobre, utilizavam a oportunidade para se desfazer de suas tralhas, promovendo uma espécie de faxina em casa. O mais perturbador era perceber que, em vez de destinarem esses objetos à reciclagem ou para um descarte adequado, eles escolhiam doar, como se estivessem contribuindo para o bem-estar de crianças carentes. Essa abordagem, mais que do um descaso, transformava-se em um ato egoísta, diluindo a verdadeira essência da generosidade e do amor ao próximo.

O que passava pela criteriosa seleção, seguia para uma nova etapa. Ângela lavava, consertava e fazia pequenos ajustes antes de liberar para a venda. Algumas poucas empresas parceiras doavam produtos novos, o que trazia um atrativo a mais. Mesmo assim, com todo esse esforço, o bazar dava um retorno financeiro muito pequeno.

Algumas empresas começaram a doar pequenas quantias em dinheiro, mas a dança para conseguir fechar o orçamento do mês não era tarefa simples. Quando a arrecadação era insuficiente para pagar todas as contas, havia ainda uma última carta na manga. A rifa de uma bicicleta ou de um eletrodoméstico.

Reginaldo estava cansado dessa luta. Quando manifestou que gostaria de passar o cargo de presidente da ONG para alguém que ele acreditasse ser capaz de dar continuidade ao trabalho e ao legado do professor Algair, surgiu uma grande preocupação.

Era preciso agir para garantir uma sobrevida ao projeto antes de iniciar qualquer processo de reestruturação pessoal ou organizacional. Em comum acordo com minha equipe, decidimos iniciar um processo de apoio para recuperação da autoestima e da própria entidade do CID.

Todos queriam ajudar, doar alguma coisa. Equipamentos, dinheiro para custear a mão de obra, materiais para pequenas reformas. Aos poucos, começava um entrelaçamento entre os colaboradores da NOSSA RH, nossos parceiros, fornecedores e amigos.

O primeiro resultado visível foi o apoio para uma reforma visual do espaço. A pintura trouxe um tom mais alegre para aquela casa. Na sequência, focamos em reformar o telhado. Retiramos toda a estrutura antiga. Por sorte o madeiramento apodrecido e infestado de cupins ainda sustentava as telhas antigas, quebradas e rachadas, mas ele não oferecia nenhuma resistência às chuvas. Substituímos essa estrutura por um telhado mais forte e, depois de instalado, o pintamos de vermelho.

Trabalhamos juntos com o Reginaldo e o Ovidio para mudar a imagem da ONG. Aos poucos a transformação começou a ficar visível. O jardim arrumado, a casa com visual mais agradável e uma placa na fachada indicavam para as pessoas das comunidades locais que ali existia um ambiente organizado.

Também apoiamos a aquisição de equipamentos, instrumentos musicais e uniformes para as atividades esportivas. Ajudamos na reforma da sala e na renovação dos computadores para as aulas de informática.

Estávamos empolgados com o processo de mudança que começava a acontecer. Queríamos levar os funcionários, parceiros e amigos para contar e mostrar o que estávamos fazendo. E assim, aos poucos, novos parceiros e colaboradores começaram a aparecer. Alguns doavam uma quantia em dinheiro, outros doavam materiais, e havia aqueles que doavam o próprio tempo e conhecimento.

Foi assim com um amigo meu, o Bernardo. Além de ter doado toda a tinta para a pintura do telhado, em outra visita ele percebeu que os ventiladores do CID estavam todos com defeito. Por iniciativa própria, recolheu os aparelhos, levou-os para casa e, alguns dias depois, os devolveu funcionando e devidamente limpos.

Percebemos que existem muitas pessoas boas no mundo, prontas para oferecer apoio e ajudar. No entanto, elas precisam ser acionadas, instigadas a compreender a grandeza, a importância e o impacto dos projetos sociais.

Infelizmente, no Brasil, a expressão ONG sofre com uma conotação negativa, já que muitos utilizam esse tipo de organização para benefício próprio, promovendo uma apropriação indevida de recursos públicos e empresariais. Assim, quando organizações não-governamentais sérias se apresentam ao mercado, são frequentemente avaliadas pelo mesmo critério utilizado para os oportunistas e impostores.

Foi um processo lento, interno e externo. Fizemos questão de avançar um passo de cada vez. Não havia a intenção de acelerar essa dinâmica, até porque, era preciso paciência para mudar conceitos enraizados sobre o jeito certo de ajudar.

Percebi que minha equipe seguia animada com as conquistas que fazíamos no CID. E eles queriam mais. Queriam comprar artigos esportivos, conseguir dinheiro para fazer um muro, e queriam manter aquela dinâmica de dar ao CID tudo o que ele precisava.

Porém, três anos depois de termos o primeiro contato com a ONG, precisamos frear a empolgação e colocar os pés no chão.

Estávamos criando um dependente!

— Gente, esse não é o jeito certo de ajudar. Se a gente continuar dando tudo para o CID, logo ele ficará sem autonomia. Já demos o primeiro passo e proporcionamos o mínimo de apoio para que ele pudesse se manter funcionando. Agora é hora de desenvolver e capacitar a equipe para que ela possa encontrar seu próprio caminho e seguir adiante.

Era claro para mim, mas ainda havia um grande espaço a ser percorrido entre o que eu imaginava ser o jeito certo de ajudar, e os resultados que aquela ajuda efetivamente traria à ONG.

***

— Isso não vai dar certo. Seu projeto não tem consistência.

Camila Casagrande seguia firme com seu propósito: oferecer aulas de dança para crianças carentes através do projeto Senses. Ela se adaptava aos espaços disponibilizados por escolas para ensaiar e criar coreografias, mantendo viva uma iniciativa que ela mesma havia começado há alguns anos. Em meados de 2011, alguns de seus alunos mais antigos já haviam se tornado professores e agora ampliavam o alcance do projeto.

Ao mesmo tempo, um professor do curso de pós-graduação em Gestão tentava jogar um balde de água fria na empolgação dela. Após analisar seu Trabalho de Conclusão de Curso, ele sinalizou que a proposta de transformar uma ONG em um ambiente multidisciplinar e complementar às atividades educacionais obrigatórias, contando com uma estrutura própria e com recursos diretos provenientes de entidades públicas e privadas, era um projeto destinado ao fracasso.

Camila foi reprovada no trabalho final.

Mas ela tinha uma ideia muito clara sobre o assunto. Uma organização não governamental deveria ser uma entidade privada, sem fins lucrativos, que se dedica a atividades de interesse público, voltadas para o desenvolvimento social, cultural, ambiental, educacional, de saúde ou de outros setores. Uma entidade independente de qualquer governo e que não tem finalidade comercial. Movida, inicialmente, pela doação do tempo de pessoas voluntárias que dividem mesmo propósito: promover mudanças positivas na sociedade.

O grupo Senses foi a forma que ela encontrou para conciliar sua ideia de ONG com o trabalho de proporcionar aos jovens a autoestima e a percepção de que existe um mundo bem melhor. A dança permitia que os nascidos em áreas de vulnerabilidade social pudessem expressar seus sentimentos. Ao mesmo tempo, a música era capaz de arrancar de dentro delas os gritos sufocados por uma dura realidade.

A estratégia da Camila era simples. Ela reunia um grupo de professores de dança, todos voluntários, que se dedicavam a dar aulas em várias ONGs da cidade. Com setenta e oito voluntários, entre eles alunos que cresceram no grupo, Camila iniciou o Instituto e, de imediato, vinte e duas instituições eram atendidas com aulas de dança, luta, teatro, circo e informática. Todas ministradas por uma rede de voluntários.

Sabendo que coincidências não existem e que o universo conspira a favor daqueles que tem bons propósitos e boas intenções, o Incanto tinha o CID como uma de suas ONGs parceiras.

Eu e minha equipe continuávamos o trabalho de formiguinha para apoiar e ajudar no que fosse necessário para a continuidade e manutenção do CID. Mesmo assim, toda a responsabilidade ainda era da diretoria. Reginaldo e Ovidio continuavam lutando com a escassez e a falta de recursos. Todas as tentativas com o intuito de ampliar o convenio municipal foram feitas, para que pudéssemos contar com mais recursos humanos e financeiros.

— Eu estou cansado, Emílio.

Reginaldo me parou em uma área do terreno onde não havia mais ninguém por perto.

— Eu não posso mais continuar nesse projeto. Está difícil. A gente sempre está correndo atrás do prejuízo. Eu quero deixar a presidência da ONG. Você pode assumir, Emílio! Você é uma pessoa que está se dedicando ao projeto, tem experiencia e energia para tocar.

Eu não podia aceitar. E eu não aceitei.

Eu tinha um plano de ação para colocar o CID na trilha da independência e da autonomia. Tudo o que não queríamos era criar dependências e passar pelas mesmas dificuldades do professor Algair e do Reginaldo. Eles haviam me ensinado o suficiente. Estava convicto de que apenas um bom líder social, que dedicasse cem por cento do seu tempo ao projeto, poderia dar sequência a essa empreitada que era tão importante para centenas de crianças, adolescentes e moradores das comunidades.

Avaliamos a situação de crise que poderia ser gerada com a saída do Reginaldo e percebemos que seria necessário encontrar, com urgência, um substituto que fosse comprometido com a comunidade e com os princípios do projeto.

E foi assim que aconteceu.

Dias depois de receber o convite do Reginaldo fui apresentado à Camila. Ele a havia convidado para assumir a presidência da ONG e foi nessa mesma oportunidade que ela aceitou o desafio de transformar o CID no Centro Cultural do Incanto.

Foi um daqueles momentos em que a oportunidade de ajudar se encontra com alguém disposto a ajudar e trabalhar de fato para transformar e mudar o mundo.

Camila não só aceitou o convite, como deixou bem claro que seu maior objetivo era conquistar um espaço para abrigar seu projeto de Centro Cultural. Depois de anos circulando de sala em sala, de colégio em colégio, Camila agora vislumbrava a possibilidade de ter uma sede, um endereço fixo para o Incanto.

E naquele dia, 21 de setembro de 2017, nasceu oficialmente o Centro Cultural do Instituto de Cultura, Arte e Novas Tecnologias, o Incanto. A partir daquele momento, estávamos prontos e dispostos para dar início à execução de um plano estratégico abrangente com o objetivo de transformar um projeto social em um empreendimento social. As presenças de Reginaldo e Ovidio foram fundamentais neste processo de transição. O apoio dado à Camila foi decisivo para que ela pudesse assumir a direção.

UM NOVO HORIZONTE

"Mas o tempo passa no tempo dele, indiferente à torcida para apressar ou retardar sua velocidade."

Ana Claudia Quintana Arantes –
A Morte é Um Dia Que Vale a Pena Viver

Como um rio que flui incessante, a vida nos traz muitos ensinamentos. Quando nos deparamos com a dialética entre o pensamento e a ação, entra a ideia e a sua materialização no mundo. São Francisco de Assis, uma figura exemplar de humildade e compaixão, evidenciou uma sabedoria profunda com uma simples declaração: "Houve um tempo em que acreditei em palavras". Ele tinha razão, sua vida transbordou ações que materializavam seus ideais.

Essa afirmação de Assis ecoa a percepção de que as palavras, embora sejam uma forma poderosa de expressão e comunicação, carecem de substância e precisam ser apoiadas por ações concretas. É como se o discurso fosse uma ponte, um esboço etéreo que precisa ser preenchido com o concreto da ação para que possa efetivamente conduzir ao destino desejado.

Francisco nos mostra que a verdadeira mudança não reside apenas no reino das ideias ou no domínio das palavras, mas no terreno fértil da ação. As palavras podem pintar visões de mudança, podem expressar desejos e intenções, mas é somente através da ação que essas visões se tornam realidade.

Essa distância entre o discurso e a ação, portanto, é uma lacuna repleta de possibilidades a serem exploradas com coragem e criatividade. É a estrada que percorremos ao longo da nossa jornada, o espaço onde nosso crescimento ocorre, onde nossas palavras ganham vida e se transformam em ações tangíveis. É o território onde a verdadeira mudança reside.

Nesse sentido, somos todos arquitetos e construtores de nossas próprias pontes. Navegamos a distância entre o que dizemos e o que fazemos, entre nossas aspirações e a realidade. E é nesse processo de navegação, de atravessar a distância entre o discurso e a ação, que encontramos as verdadeiras oportunidades para o crescimento pessoal e para a transformação do mundo ao nosso redor.

Eu já conhecia a história do Edu Lyra. Nascido na favela Jardim Vila Nova Cumbica, na periferia de Guarulhos, ele vivenciou as dificuldades inerentes à vida de quem cresce longe do conforto e das oportunidades. Porém, ao invés de se resignar, Lyra transformou sua experiência em um impulso para a ação. O primeiro livro, lançou de forma independente. Ofereceu publicidade na contracapa para os comerciantes locais e, dessa forma, conseguiu o dinheiro a impressão de cinco mil cópias de *Jovens Falcões*. Nessa obra, Edu Lyra conta a história de onze jovens brasileiros empreendedores que conseguiram crescer na sociedade mesmo diante de uma realidade que podia ter sufocado suas vidas.

Com a ajuda de mais de cinquenta amigos, batendo de casa em casa, de porta em porta pelas ruas da comunidade onde vivia, em São Paulo, em três meses ele conseguiu vender os cinco mil exemplares a um preço de dez reais. A cada livro vendido, ele se aproximava mais do seu propósito. E foi assim, depois desse início corajoso, que ele continuou sua jornada até fundar a ONG Gerando Falcões. Hoje, ela é um verdadeiro ecossistema vivo de desenvolvimento social. Ela tece uma rede que amplifica a capacidade transformadora de líderes em favelas do Brasil e os efeitos já reverberam por todo o planeta.

A filosofia da Gerando Falcões é desafiar a mentalidade de que a pobreza está enraizada nas favelas. Para isso, ela molda as comunidades em um cenário propício para a manifestação de joias culturais. Traz à tona histórias de superação que brilham intensamente iluminando o caminho para as futuras gerações.

Com a *Falcons University*, Edu Lyra criou uma ferramenta capaz de amplificar a formação de líderes e acelerar a profissionalização das ONGs por todo o Brasil. O esquema para participar é simples, mas não é fácil. Ao final de um processo de seleção, a Gerando Falcões inicia um investimento de quatro anos para fomentar trabalhos que demonstrem capacidade de transformar o meio.

O instituto Incanto, representado pela Camila, participou desse curso na Falcons University. Lá ela pode aprender como empreender; administrar indicadores; fazer planejamento; o que é uma estrutura organizacional; questões legais sobre a criação e o funcionamento de uma ONG; e outros temas que fomentam uma visão empreendedora do projeto social. Ao final de três meses, os quarenta voluntários que representam ONGs de todo o Brasil, recebem um diploma de Empreendedor Social.

Dos quarenta projetos apresentados no final do curso, doze são selecionados para o programa de Aceleração da Gerando Falcões. Com uma proposta muito clara sobre o papel do Incanto e seus projetos futuros, Camila conquistou a confiança de que o dinheiro que receberíamos da Gerando Falcões seria aplicado de forma eficiente com o único objetivo de transformar, para melhor, a vida das crianças atendidas.

O Incanto recebeu uma placa indicando que o projeto é acelerado pela Gerando Falcões. Ao mesmo tempo, durante os primeiros doze meses, também passou a ser beneficiado com uma verba mensal. No segundo ano, a verba foi reduzida em dez por cento. Uma nova redução de mais dez por cento ocorreu no terceiro ano. E no quarto e último ano da aceleração, o Incanto recebeu da Gerando Falcões trinta por cento a menos do valor inicial.

O prazo de quatro anos é proposital. Um projeto social precisa aprender a andar sozinho durante esse período. O papel da Gerando Falcões não é o assistencialismo. Pelo contrário, por meio de um pequeno investimento financeiro mensal, muita mentoria, treinamento e acompanhamento, a ONG estimula a estruturação do empreendimento levando-o à independência e autonomia.

É claro que o repasse do dinheiro é cortado se não houver uma boa gestão e, principalmente, transparência sobre o destino das aplicações. O processo de fiscalização é rigoroso. Mês a mês, reuniões de indicadores com auditores da Gerando Falcões verificam a contabilidade e os resultados das aplicações. Um novo pagamento só é liberado depois que a ONG apresenta toda a documentação necessária para comprovar que o dinheiro recebido no mês anterior teve o destino equivalente ao proposto no projeto. Todo esse processo é acompanhado de perto pelo time de gestores do Edu Lyra.

Certa vez, ele visitou a sede do Incanto para promover uma palestra sobre o papel dos líderes sociais na transformação daquela realidade. Depois de uma conversa tranquila, com perguntas e dúvidas dos participantes, tive a oportunidade de dar uma carona para ele até o aeroporto. Não perdi tempo e compartilhei algumas das minhas ideias.

— Edu, sabe que eu admiro essa sua abordagem de transformação de dentro para fora. Considero isso uma proposta poderosa. Ao invés de erradicar as favelas, dar a elas condições de se tornarem lugares dignos. Isso vai além de qualquer projeto social promovido por qualquer governo.

— Essa é a chave para combater a desigualdade. Eu acredito que a desigualdade se vence com oportunidade.

— E como foi que você se convenceu disso? Onde você teve esse insight? – perguntei curioso.

— Essa pergunta é boa. Eu já havia fundado a Gerando Falcões e estava buscando apoio dos empresários para ampliar o projeto. Um dia eu consegui marcar uma reunião com o Jorge Paulo Lemann. Foi difícil me colocar na agenda dele, mas eu não desisti. No dia, eu acordei cedo e me arrumei. Eu não tinha nada para comer em casa e o dinheiro só dava para o ônibus de ida. Durante o trajeto, eu pensava no estômago vazio, na vontade de tomar um café, e um pensamento veio na minha cabeça: "Quem sabe eu não chego lá e digo para ele que não comi nada hoje e que não tenho dinheiro para voltar para casa". Ele com certeza iria me ajudar. Mas não era isso que eu ia fazer lá. Então, foquei no meu sonho. Cheguei lá e apresentei o meu projeto, apresentei para ele uma oportunidade de longo prazo. Mostrei para ele o lugar no qual eu queria chegar e isso fez toda a diferença.

— Eu entendo isso. Sabe que eu tenho percebido que o grande diferencial não está em pedir ajuda, mas no jeito que você pede ajuda.

— Sim, as pessoas pedem ajuda como se estivessem pedindo um favor. Não pode ser assim. O jeito certo de pedir ajuda é oferecer à outra pessoa a oportunidade de ajudar.

— Eu estou percebendo isso no Incanto. Quando convido um amigo ou uma amiga a conhecer o projeto, eu vejo que a pessoa fica encantada e empolgada em querer participar de alguma forma. Eu vejo que muita gente boa está por aí, sem saber de que jeito pode ajudar. E tem muita gente querendo ajudar que só precisa de uma oportunidade. O Incanto ganhou um conselho. Hoje, nós temos advogados, arquitetas, engenheiro, contabilistas, consultores e empresários que se apaixonaram pelo projeto e que são parte ativa das decisões, do planejamento e das ações da ONG.

— E isso não ajuda a acelerar o processo de desenvolvimento da ONG?

— Se ajuda! A cada reunião do conselho entram problemas e saem soluções encaminhadas. "Temos que fazer o seguro da VAN". "Eu conheço um ótimo corretor". "Temos que verificar a abertura de uma conta corrente para a pessoa jurídica". "Eu sou amiga do gerente do Banco". E assim acontece em todos os encontros do conselho.

— A gente aprendeu desde cedo que uma ONG bem estruturada é capaz de fazer uma enorme diferença na vida de cada pessoa atendida. E não é uma ajuda passageira. É uma ajuda que transforma.

— Você sabe, Edu, que hoje, olhando para a minha jornada, percebo que durante muito tempo eu tentei ajudar as pessoas de um jeito errado. Não que eu tenha errado de propósito, não é isso, mas sempre que eu quis resolver os problemas dos outros, sempre que eu busquei suprir as carências mais básicas de alguém, eu percebia que minha ajuda criava apenas uma situação passageira e eventual que não fazia diferença no médio e longo prazo. Logo que eu me afastava, a pessoa voltava ao mesmo patamar em que estava antes.

— Emílio, todos cometemos esse mesmo erro no começo. A gente é tentado a ajudar da forma como aprendemos com nossos pais. Quem ajuda fica preso nas coisas mundanas e quem recebe a ajuda, também. Com o tempo nos esquecemos das lições mais profundas que podemos aprender com a vida.

— Ah, sim, as lições mais profundas... É engraçado como elas sempre parecem estar ligadas às experiências mais simples, não é?! Você sabe, eu aprendi lições valiosas com meu pai. Ele era um pescador, não apenas de peixes, mas de sabedoria. Ele me ensinou que a verdadeira arte de pescar não se restringe a lançar a linha no rio, mas a compreender a profundidade das águas da vida. Ele pescou amizades, alegrias e um propósito. Eu pude aprender com meu pai que não adianta só dar o peixe...

— Dê o peixe, mate a fome, e depois, ensine a pescar para que ele possa conseguir seu próprio alimento quando tiver fome novamente.

— É isso mesmo, Edu. E essa é a minha visão para o Incanto. Queremos participar e ajudar a mudar a vida de cada uma dessas crianças. Proporcionar a elas a oportunidade de conhecer um caminho que as leve para um mundo muito melhor do que esse elas conhecem hoje.

— E veja, Emílio. A gente não precisa promover uma "faxina social". Não precisamos pensar em acabar com as mais de onze mil favelas que existem no Brasil. A favela é uma manifestação cultural do país. Na favela nasce uma cultura própria, uma identidade única, uma linguagem que se comunica de forma homogênea de norte a sul. Pense bem! São mais de dezesseis milhões de pessoas que moram em morros, em comunidades simples, em um mundo que é completamente diferente dos grandes centros ou das vilas mais afastadas. A favela é uma cultura do povo brasileiro. Eu tenho certeza de uma coisa: eu vou morrer, você vai morrer e as favelas vão continuar a existir. Não importa quanto nos esforcemos, as favelas vão continuar a existir. O que nós devemos fazer é proporcionar uma vida mais digna para quem mora nessas comunidades. As pessoas precisam ter água encanada, luz elétrica, escola, internet. O meu objetivo e o seu objetivo tem que ser transformar as crianças que vivem nessas comunidades em jovens empreendedores que, no futuro, não dependerão de uma cesta básica ou de uma bolsa auxílio do governo. Precisamos dar a essas crianças a capacidade de desenvolver senso crítico para não se tornarem massa de manobra de políticos. É nossa missão, trabalhar para transformar a vida nas favelas.

Depois que ele passou pelo portão de embarque, subi até o segundo andar do prédio e fiquei lá por alguns minutos, observando os aviões que decolavam e aterrissavam na pista. A sincronia e a repetição daquele movimento organizado revelavam uma harmonia necessária para que o fluxo de pessoas que iam e vinham, fluísse.

A mesma coisa devia acontecer com o ato de ajudar. Não bastam palavras, como disse São Francisco de Assis, é preciso fazer acontecer. Ajudar não é apenas estender a mão. Ajudar é a coragem de estender a mão e estimular o outro a sair do lugar, a conquistar sua autonomia e dignidade.

Outra coisa linda que ouvi do Edu, nesse caminho para o aeroporto, foi uma frase de Madre Tereza de Calcutá que ressoa diariamente em minha mente.

“As mãos que doam são mais sagradas do que os lábios que rezam”.

Esse certamente é um chamado poderoso para a integração da intenção e da ação.

Eu admiro o trabalho que Madre Tereza promoveu com sua devoção ao serviço humanitário. Como religiosa, é claro que ela não menosprezava a importância da oração ou do discurso espiritual. Pelo contrário, ela reconhecia seu valor intrínseco, mas concluía que, a menos que as palavras fossem traduzidas em ações concretas, elas corriam o risco de se tornarem vazias.

A oração, ou qualquer forma de expressão espiritual, leva cada ser para um espaço interno de reflexão e conexão. Mas é a ação que traz essas intenções para a realidade.

Com essa frase, Madre Tereza me lembra que, embora as palavras possam inspirar e guiar, é através de nossas ações – "nossas mãos que agem" – que efetivamente construímos um mundo muito melhor.

E nossa história, a saga da humanidade, está repleta de figuras ilustres que, apesar das adversidades, ousaram agir e provocar mudanças. Joana d'Arc foi uma mulher que personificou a coragem e a determinação. Seu legado lembra que a coragem não está apenas em enfrentar o perigo, mas também em permanecer fiel aos seus princípios e convicções, mesmo quando tudo e todos parecem estar contra você.

A coragem de Joana d'Arc não estava apenas no campo de batalha. Ela estava em sua fala, em sua postura e na fé inabalável em sua missão. Isso se assemelha à coragem necessária para atravessar a distância entre o discurso e a ação, uma coragem que vai além das palavras.

Esse eco de coragem estampado nas palavras e nas atitudes de São Francisco, de Madre Tereza, de Edu Lyra, de Joana d'Arc e tantos outros que eu poderia citar aqui, estava presente também no empenho e na dedicação de cada doador que buscava fazer do Instituto Incanto um projeto ainda maior.

E doar sempre é um termo polêmico. Eu conheço poucas pessoas que sabem como utilizar o próprio dinheiro. E conheço ainda menos pessoas que sabem usar o dinheiro de maneira significativa e responsável.

Quando me questiono sobre a forma como uso o dinheiro e se esse uso do dinheiro é feito de forma responsável, mergulho na intersecção entre a ética pessoal e a economia e, ali, há um confronto. A maneira como escolho utilizar meus recursos financeiros é, em muitos aspectos, um reflexo direto de minhas prioridades, valores e visões para o futuro.

Aprendi isso com os pensamentos de Joan Antoni Melé no livro Dinheiro e Consciência. É um desafio perceber que o dinheiro não é um objetivo final, uma métrica de sucesso ou uma fonte de segurança. Mais desafiador ainda é entender que o dinheiro é uma ferramenta, um meio para um fim e não um fim em si mesmo.

O dinheiro, assim como o conhecimento, tem o potencial de ser um veículo de mudança, uma alavanca que pode ser usada para mover o mundo na direção de um futuro mais justo, equitativo e sustentável.

Recentemente, em uma palestra sobre gestão de negócios, tive a oportunidade de ouvir a Marina Feffer, psicóloga integrante da quarta geração da família que controla a maior fabricante de papel e celulose do Brasil e uma das maiores do mundo, a Suzano. Ela é a terceira de quatro filhos do casal Ana e David Feffer. David é o presidente da Suzano Holding, um dos homens mais ricos do país, com uma fortuna estimada em 1,5 bilhões de dólares, segundo a revista Forbes.

Ela e um amigo fizeram um mapeamento das empresas familiares mais ricas em todo o mundo. Segundo dados da Bloomberg, as vinte e cinco famílias mais ricas do planeta detêm um patrimônio de 1,4 trilhão de dólares. Se cada uma dessas famílias doasse um mínimo de dez por cento de seu patrimônio, já seria o suficiente para acabar com a fome em todo o mundo.

Pensando nisso, ela criou a *Generation Pledge*. Depois de conhecer o projeto e ficar sensibilizado pelo propósito, cada herdeiro, filho ou neto dessas famílias riquíssimas assina um contrato sinalizando a intenção e a vontade de doar parte de seu patrimônio. É uma carta que não tem validade jurídica, ou seja, não há a promessa de cumprir com essa intenção. Porém, o compromisso moral sugere que, ao assinar a carta, a pessoa se compromete a investir em projetos sociais que contribuam para a redução das desigualdades no mundo. Estudos da Generation apontam que, se todos esses herdeiros doarem e investirem cerca de dez por cento da parte da herança que receberão, a desigualdade no mundo desaparecerá em menos de uma década.

O que está em jogo não é só o dinheiro, é a sensibilização e a conscientização dessas pessoas para o propósito maior da manifestação de uma vontade de fazer a diferença, de fazer sua parte na construção de uma sociedade melhor.

No entanto, o apego ao material é um dos maiores desafios. Esse comportamento do "possuir cada vez mais" e do "acumular" está enraizado na cultura da humanidade. Romper com esse paradigma só é possível com uma mudança de mentalidade, e isso só acontece quando se experimenta o ato de doar.

Seja dez por cento, um por cento, ou qualquer outra quantia significativa, doar é mais que um simples ato de caridade, é um compromisso tangível com a transformação, uma escolha intencional de investir seu próprio dinheiro em um nobre fim. E esse compromisso vai além do assistencialismo superficial. Ele entra no reino da mudança sistemática. Ao doar, participamos ativamente da construção de um mundo que reflete nossos valores mais profundos. Ao direcionar meus recursos financeiros para projetos que promovem a igualdade, a sustentabilidade e a justiça, eu voto com o meu dinheiro para o modelo de mundo que quero para meus filhos e meus netos.

A doação consciente se torna um ato de liderança. Ela nos coloca no papel de arquitetos de um futuro melhor, dando-nos a oportunidade de moldar a sociedade de acordo com nossas visões mais elevadas. E não precisa muito, basta fazer escolhas conscientes sobre como utilizar o próprio dinheiro, afinal, somos patrocinadores oficiais do futuro que queremos viver.

No cerne dessa filosofia está a ideia de que a verdadeira mudança, a mudança que dura, a mudança que faz a diferença, vem do investimento estratégico e intencional em oportunidades que capacitem as pessoas a melhorar suas próprias vidas e, por extensão, a sociedade em geral. E esse é o real poder do dinheiro, quando usado com consciência e propósito.

Refletir sobre o caminho que percorri até aqui é mais do que um simples exercício de reminiscência. É um momento de integração de todas as lições, experiências e descobertas que reuni ao longo do trajeto. Este processo de reflexão me permite perceber que estou em um caminho já trilhado por líderes notáveis. Personalidades como Mahatma Gandhi, Martin Luther King Jr., Nelson Mandela, Blake Mycoskie e Adam Grant também navegaram por mares de incertezas, enfrentaram desafios incontáveis e conseguiram provocar mudanças significativas em seu tempo.

Blake Mycoskie, com seu programa *One for One,* demonstrou como os negócios podem ser mais do que uma máquina de fazer dinheiro. Ele provou que esses empreendimentos podem ser uma poderosa ferramenta para promoção do bem social. Seu modelo de negócios onde, para cada produto vendido outro é doado a alguém necessitado, é a manifestação concreta de uma filosofia de vida que equilibra o sucesso material com o compromisso social.

As reflexões de Adam Grant destacam a importância de uma mentalidade de doação não apenas para o bem-estar individual, mas também para o sucesso coletivo. Para ele, dar não nos deixa vazios, pelo contrário, enriquece nossas vidas, nossas relações e nossas organizações.

Há ainda a lei do retorno, mas essa não pode ser explicada com palavras.

Ver minha trajetória refletida nesses exemplos não é apenas uma validação de minhas escolhas e crenças, mas também uma inspiração para continuar no caminho.

E, assim, ao espelhar minhas próprias convicções nas deles, percebo que cada passo que dou nessa jornada não é um movimento isolado, mas parte de uma dança maior, uma dança que é tanto minha quanto deles, e de todos que se comprometem a viver de acordo com seus princípios. Cada novo passo, cada nova lição, reafirma a relevância desses aprendizados e reforça meu compromisso de continuar a aprender, a crescer e a fazer a diferença. Porque, no final das contas, a vida é uma jornada de transformação contínua, e cada um de nós é tanto o viajante quanto o caminho.

INCANTO: UM FAROL DE ESPERANÇA

"A ajuda verdadeira não apenas oferece o peixe para saciar a fome momentânea, mas também estende a vara, ensinando a pescar, transformando a necessidade em habilidade, a dependência em autossuficiência, e a fome em um caminho de esperança e liberdade."

Emílio Morschel

É mais fácil encontrar o caminho quando, à sua frente, a estrada já está pavimentada. Para aqueles que nascem e crescem em um ambiente onde não há estrutura, qualquer curva mais fechada pode fazer com que o viajante se perca e, talvez, nunca mais reencontre seu próprio caminho.

A estrutura montada para abrigar a sede do Incanto estava praticamente pronta. Havia apenas uma obra em andamento. A casa estava sendo ampliada para abrigar três novas salas. Uma para aulas de robótica, outra para os funcionários da administração e a última para funcionar como sala de reuniões.

Começamos a direcionar as mentorias com o propósito de estimular a equipe a pensar como uma organização empresarial. Iniciamos com a aplicação de conceitos simples de liderança, relacionamento com colaboradores, gestão de pessoas, postura profissional e a visão de processos necessária para qualquer empreendimento.

Tudo parecia estar indo muito bem, até que aconteceu algo que não havíamos previsto.

O projeto estava estruturado para o atendimento de crianças da comunidade em situação de vulnerabilidade social, dos seis aos dezesseis anos. O convênio mantido com a prefeitura destacava essa faixa etária para o público-alvo atendido. Mas, dois adolescentes que frequentavam o projeto completariam dezesseis anos muito em breve e não haveria mais atividades para eles no Incanto.

Essa ruptura colocava em xeque nosso planejamento para transformar aquela comunidade. Foi um choque de realidade para nós e para os dois adolescentes que haviam passado os últimos anos no Incanto tendo aulas de informática, cultura, esporte e lazer. Em pouco tempo eles teriam que se despedir dos amigos e nós ficaríamos a observá-los voltar para a comunidade onde deveriam continuar seu caminho por conta própria.

Parecia um pesadelo. O adolescente com até dezesseis anos que voltava para a comunidade reencontrava as tardes, pós-aula, sem atividade alguma. Nesse contexto, restaria a convivência com os amigos e o ócio das tardes sem compromisso.

Nossa preocupação recaía sobre a janela de tempo livre que se estendia no contraturno. Para um adolescente, a possibilidade de se associar a influências negativas era bastante acessível, o que poderia levá-los a se envolver em atividades ilegais ou que os desviaria de bons caminhos com a promessa de obtenção de algum tipo e renda para si e suas famílias. No cenário mais favorável, talvez esses adolescentes encontrassem um trabalho informal.

Observamos com muita preocupação aquele detalhe do processo. Era preciso agir rápido para garantir que todo o trabalho que estávamos começando não terminasse em um abismo.

— Quantos adolescentes estão nesta situação aqui no Incanto? Quantos vão completar dezesseis anos este ano? Quantos precisarão deixar de frequentar a ONG?

Não tínhamos esses números. Havia uma pequena ficha cadastral das crianças que entravam no Instituto, mas faltavam informações básicas.

Começamos então com um processo de recadastramento de todas as crianças e adolescentes atendidos pelo Incanto. Uma a uma, preenchemos os dados dos documentos, mapeamos a situação familiar e a profissão dos pais. Com isso, identificamos todos os jovens que completariam dezesseis anos naquele ano e nos anos seguintes.

Mas ainda faltava uma solução. Um novo caminho por onde eles pudessem continuar no processo de desenvolvimento. E, depois de pensar um pouco e conversar com algumas pessoas, concluímos:

— Menor Aprendiz!

A imagem que se formou foi tão clara que naquele dia ficou evidente nosso papel como empresa de recursos humanos. A NOSSA RH devia agir como uma empresa de empregos, o programa Nossa Parte e o Incanto deveriam atuar de forma direta na vida daquela comunidade.

Entendemos que uma criança precisava de carinho, atenção, atividades lúdicas e divertidas, mas um adolescente precisava de mais. Para ele, era importante a orientação e a formação para começar a trilhar um caminho na vida profissional, e o programa Menor Aprendiz era o ideal.

Por lei, o governo federal exige que as empresas contratem um menor aprendiz a cada cem funcionários. Era um plano interessante para estimular o primeiro emprego e a experiência no mercado de trabalho. Um adolescente que esperasse até completar a maior idade para ingressar no mercado de trabalho, teria dificuldades devido à falta de experiência. É provável que restassem apenas as funções de baixa qualificação como opção. Assim, com o programa Menor Aprendiz, esse jovem teria a chance de ganhar conhecimento e experiência o suficiente para conquistar vagas de emprego com melhor preparo pessoal e qualificação.

Começamos uma rápida pesquisa por empresas que cumpriam o papel de formação de jovens e foi quase uma surpresa lembrar que a NOSSA RH já era atendida pela Elo. Ela nos ajudava a cumprir cotas de menores aprendizes e, por sua eficiência, nunca nos atentamos a esse aspecto. Depois de confirmar que já tínhamos um contrato há algum tempo, fomos visitar a empresa pessoalmente.

Renault Vieira e sua esposa, Marília Tissot, fundaram a Elo – Apoio Social e Ambiental, em 2001. A proposta era simples: receber os jovens e oferecer treinamento, qualificação e o mínimo de preparo para que pudessem encarar o primeiro emprego.

Era perfeito! Reforçamos e ampliamos a parceria com a Elo e passamos a estimular e apoiar o programa Plantando Esperança. Assim, cada adolescente que sai do Incanto é encaminhado para a Elo. Lá, ele tem um tratamento diferente do nosso. Com foco especializado na colocação do jovem em empresas através do programa Menor Aprendiz, o adolescente recebe orientações sobre comportamento no ambiente de trabalho, formas adequadas de se comunicar, vestir, posturas no ambiente profissional, e uma pequena base de conhecimento em informática.

A Elo recebe os adolescentes, os treina e encaminha para empresas que tenham necessidade de contratar menores aprendizes para cumprir suas quotas legais.

Avançamos ainda mais desencadeando um esforço de conscientização entre nossos parceiros, fornecedores e clientes. Iniciamos uma jornada para ressaltar a importância e relevância de capacitar jovens para o ambiente profissional, reduzir vulnerabilidades e diferenças, oferecer oportunidades, dignidade e autonomia. Nossa meta passou a ser promover um ambiente que permita que jovens contribuam ativamente para transformar as realidades de suas famílias.

Em 2006, Alceu estava em Liverpool, na Inglaterra. Lá, ele trabalhou como voluntário em um projeto social chamado "Mostre o cartão vermelho para o Racismo" (*Show the red card to racismo*, em inglês). De volta ao Brasil e inspirado pelo projeto que ensinava futsal para crianças, ele acompanhou a implantação do primeiro Futebol de Rua no bairro Heliópolis, em São Paulo.

No ano seguinte, Alceu foi convidado pela prefeitura de Curitiba para organizar um festival de futebol de rua com setenta e duas escolas municipais. Deu tão certo que ele foi chamado para dar uma palestra com o intuito de explicar o projeto para os agentes públicos da cidade. Um ano depois, o Futebol de Rua já estava dentro das escolas municipais de Curitiba.

Uma década se passou até que as trajetórias do programa Nossa Parte e do projeto Futebol de Rua se entrelaçassem. Impulsionados pela possibilidade de oferecer diferentes perspectivas de futuro para os jovens, tanto do Instituto Incanto quanto das comunidades locais, estabelecemos uma parceria com o Alceu. Esse acordo não só abria portas para Jovens Aprendizes nas empresas, como também proporcionava uma rota clara de inclusão. Ao alcançar a idade de dezesseis anos, o jovem podia optar por seguir o caminho que mais o atraía.

Faltava pouco para que o programa Nossa Parte encontrasse seu propósito de existir. Ao mesmo tempo, ainda era preciso muito serviço no Instituto Incanto.

Nossa equipe seguia animada com as conquistas. Era notável a vontade de querer sempre fazer mais. Queriam comprar artigos esportivos, conseguir dinheiro para fazer um muro e a dinâmica do Incanto era a de receber tudo o que precisava.

É claro que ficávamos animados ouvindo os depoimentos da equipe, sempre empolgados. Era normal que, depois de realizar um bazar ou de conseguir vender todos os números de uma rifa, eles comemorassem a boa ação que haviam praticado. Vez ou outra alguém se sentia iluminado com o feito, sentindo o êxtase de uma realização concreta.

— Que coisa boa! Conseguimos dois mil reais para o Incanto. Já conquistamos nosso lugar no céu.

Foi assim durante três anos desde a primeira visita que fiz ao Reginaldo. Foram passos bem lentos fazendo tudo o que estava ao nosso alcance. Ao final desse período, percebi que estávamos na linha tênue entre uma entidade que existe por si própria e uma entidade que depende dos outros para existir.

— Está na hora de romper.

Quando eu expressei minha intenção, houve um misto de incompreensão e de espanto no rosto de cada um dos colaboradores, então expliquei:

— Não é isso que queremos. A gente não pode adotar o Incanto e sustentá-lo para sempre. A gente não pode continuar a fazer isso.

— Emílio, mas você não está feliz? Não era esse o objetivo? Conseguimos dinheiro para comprar equipamentos de esporte para o Incanto...

— Legal! Mas isso resolve apenas uma atividade de esporte dentro do Incanto. E a comida? E os uniformes para as crianças? E as contas de luz, água... Nós temos que olhar mais longe. Temos que enxergar o que será o Incanto no futuro. Pensem comigo. Se adotarmos o Incanto, pagarmos todas as contas e resolvermos todos os problemas, o que vai acontecer quando morrermos ou não pudermos mais fazer isso? O Incanto morre junto conosco? Precisamos criar um instituto que seja autossuficiente, que seja independente de qualquer pessoa que esteja na liderança. A função do Incanto é preparar essas crianças para uma vida mais estruturada. Temos que ajudar os pais delas a conseguir um emprego digno. Nosso papel não é dar esmola. Se nós queremos ajudar de verdade, temos que construir uma base que leve dignidade e condições para que elas possam conquistar as coisas que desejam. Nossa missão neste projeto não é só dar o chocolate na Páscoa, o brinquedo no Natal, nem vender rifa ou fazer bazar. Nossa missão é dar a essas crianças uma base para que lá na frente elas possam conquistar sua independência.

Aquele choque de realidade ampliou, um pouco, a percepção de cada um que participava do projeto. Sabíamos que para o Incanto obter independência seria preciso mudar a mentalidade sobre o conceito de administração e romper com a ideia de que ajudar é praticar assistencialismo.

O modelo atual não se sustentaria a longo prazo. A dependência contínua de doações e da assistência externa poderia nos condenar a um ciclo de instabilidade financeira. Além disso, quem oferece ajuda dessa forma, um dia também pode se cansar e decidir que não vai mais ajudar. Antes que isso acontecesse, decidimos implantar uma nova estratégia.

Com a Camila na presidência da ONG e um Conselho com catorze integrantes, passamos a discutir novos modelos administrativos.

Havia consenso de que era viável profissionalizar o instituto com as ferramentas do empreendedorismo.

Foi um marco para uma nova fase do Incanto. Ao combinar a paixão pelo trabalho social com os princípios do empreendedorismo, criamos condições para que a organização se tornasse resiliente, capaz de enfrentar desafios e de se sustentar diante de qualquer crise.

E não foi uma crise qualquer que apareceu. A pandemia nos atingiu em cheio, assim como atingiu todo o restante do planeta. Estávamos diante de um desafio, mas também de uma oportunidade inigualável. O destino havia nos apresentado uma tela em branco e nos dado um pincel. Era nossa responsabilidade desenhar algo que não apenas embelezasse, mas também transformasse a vida daquelas crianças, independentemente do quanto a realidade estivesse tentando nos sufocar.

Definimos nossa missão. Queríamos mergulhar fundo na alma do nosso projeto, colocando palavras no sentimento que nos movia. Queríamos mais do que apenas ajudar. Aspirávamos emponderar, construir alicerces sólidos para o futuro daquelas crianças.

Percebemos que era vital entender o terreno onde estávamos pisando, a comunidade que estávamos servindo. Buscamos aprender sobre as necessidades e desafios, mas também sobre as oportunidades ocultas que poderíamos explorar.

Começamos a construir uma equipe de pessoas unidas pelo mesmo propósito. O Incanto passou a contratar e treinar funcionários para manter e melhorar seu funcionamento no dia a dia. Com uma organização financeira eficiente e consciente, encontramos recursos para sustentar o crescimento do Instituto. Com isso, aumentamos o número de crianças atendidas diariamente. Com a ONG acelerada pela Gerando Falcões, a Camila recebendo mentorias em várias áreas e os modelos de processos, administrativos e financeiros, profissionalizamos o funcionamento do Incanto.

Os programas e serviços deixaram de ser baseados na assistência imediata. O objetivo comum de toda a equipe se transformou na ideia de que todas as crianças criassem habilidades e adquirissem conhecimentos que lhes permitissem ser os protagonistas de suas próprias histórias.

Com um corpo de vinte funcionários, o desafio era continuar a mentoria para que eles pudessem perceber a importância do papel que executavam em cada função. O Conselho indicava os caminhos para os novos líderes sociais.

Melhoramos nossa comunicação com a sociedade. Saímos do bairro de Santa Quitéria para o mundo quando criamos um site e ativamos as redes sociais com postagens diárias na internet. Agora, qualquer pessoa, em qualquer lugar, pode ter acesso ao Incanto e participar da construção desse projeto.

Com planejamento estratégico, metas e tarefas bem definidas e um controle financeiro rigoroso, passamos a detalhar todos os movimentos que faríamos no próximo ano, sempre avaliando três possíveis cenários: um primeiro, em que nós alcançávamos nossa meta de arrecadação; um segundo, em que atingíamos apenas metade da arrecadação pretendida; e um terceiro, em que não conseguíamos nada além das doações que já estavam acertadas por programas como Gerando Falcões, Fundação Behring, Fundação O Boticário, além dos padrinhos e doadores mensais do Clube Incanto.

Foi assim que o Incanto se tornou uma instituição sólida. Passamos de setenta para duzentas crianças atendidas diariamente em 2023. Começamos a oferecer almoço todos os dias para um grupo de crianças que necessitavam. Iniciamos as oficinas de música, circo, teatro, dança, esportes, aulas de informática e robótica, com uma programação organizada e com o propósito de colaborar com a evolução da criança.

Em 2022, o Instituto Incanto alcançou uma arrecadação recorde com a obtenção do direcionamento dos incentivos das deduções de imposto de renda, Lei Rouanet, para projetos de arte e cultura. Tudo isso era fruto da organização de um time que soube pensar e apresentar os projetos, além de sair em busca da captação dos recursos pretendidos.

Aos poucos, testemunhamos a transformação na liderança que ajudamos a construir. Gradualmente, nossa influência foi reduzindo e se diluindo, abrindo espaços para a Camila e para Meri, novas líderes que assumiram com sucesso o papel que julgávamos necessário para a continuidade daquela missão.

Foi uma transição natural, pois sempre acreditamos que a verdadeira liderança não é apenas manter o controle, mas capacitar outros a assumirem responsabilidades e alcançarem seu máximo potencial. Quando um novo líder surge, é uma oportunidade de renovar a equipe e permitir que outros brilhem. Afinal, o crescimento e a evolução estão enraizados na capacidade de passar adiante o conhecimento, a experiência e, principalmente, o poder da liderança.

À medida que assumo meu novo papel de mentor e que me distancio lentamente do Incanto, percebo que minha estrada ainda oferece muitas oportunidades de ajudar. E há muito a ser feito!

Quando o Renault Vieira nos ligou e comunicou que ele e a esposa estavam passando por dificuldades com a queda de clientes e a quantidade reduzida de menores aprendizes, tomamos um susto tremendo. Na mesma semana, em reunião, ouvimos deles o cenário e o diagnóstico da crise pelo qual passavam.

A pandemia havia sido dura com a Elo. Vários clientes haviam interrompido o contrato durante aquele período. O programa Jovem Aprendiz, que era um dos movimentos fortes da instituição, estava comprometido.

Naquele momento tomamos a atitude de nos juntar a eles e nos associar formalmente ao conselho da Elo. Logo nas primeiras reuniões do conselho, começamos as desenhar alternativas para retomar os patamares anteriores e voltar a fazer a Elo crescer.

Alguns clientes estavam insatisfeitos, pois, principalmente durante a pandemia, não houve um acompanhamento, por parte da Elo, da evolução dos jovens contratados pelas empresas. Além disso, a demora no tempo de resposta para as solicitações burocráticas das empresas/clientes era uma queixa bastante comum. Com esse cenário, a Elo estava numa escalada de perda de receitas.

Com a participação da equipe comercial da NOSSA RH, do Conselho e do time de gestão da Elo, elaboramos um rápido diagnóstico e preparamos um plano de ação para retomar os contratos e o nível de atividades de antes da pandemia. Uma das primeiras atitudes foi iniciar um novo negócio: a Gestão de Estágio. Focamos no atendimento pós-venda e nos tornamos responsáveis por atender os clientes sobre assuntos relacionados aos programas Menor Aprendiz e Estágios.

Felizmente e graças ao trabalho desse time, em pouco menos de um ano a Elo voltou aos seus patamares de resultado. A carteira de clientes também teve um impacto positivo. Após prospecções e treinamento intenso, a equipe comercial da Elo recuperou seu mercado e nós mantivemos a parceira forte do programa Nossa Parte.

Eu já conhecia o James Marins, renomado advogado, assim como o Instituto Legado de Empreendedorismo Social, fundado por ele e por sua esposa, Glaucia. No entanto, foi ao mergulhar profundamente no trabalho realizado por Marins que percebi a verdadeira essência e a dinâmica do empreendedorismo social: uma energia em constante fluxo, tomando forma em grupos distintos, mas com um propósito comum.

Diferente do empreendedorismo comercial, o social não busca ofuscar concorrentes ou criar uma competição para estabelecer quem é o melhor ou o pior. Ao contrário, as células de empreendedores sociais estão se conectando, criando uma rede interligada e fortalecendo-se mutuamente. Essa conexão está gerando um organismo ainda maior, impulsionando os grandes empreendedores a se tornarem líderes ainda mais grandiosos e levando ferramentas, conhecimento e investimentos aos pequenos empreendedores sociais que, muitas vezes, sobrevivem no limite, dependendo da generosidade de indivíduos que praticam boas ações de vez em quando.

Essa união transcende a busca por lucros e prestígio individual. É o compartilhamento de uma visão mais ampla, na qual o objetivo central é criar um impacto positivo na sociedade, enfrentar desafios e buscar soluções inovadoras para problemas sociais. Essa colaboração fortalece a comunidade empreendedora como um todo, criando um ecossistema de apoio e solidariedade.

Os grandes empreendedores sociais são líderes inspiradores que conduzem e motivam outros a se engajarem em suas causas. É como se eles fossem semeadores de uma nova floresta. Eles possuem a visão de plantar as sementes do empreendedorismo social, mas reconhecem que precisam ir além disso para garantir que as árvores cresçam e prosperem. Eles sabem que se apenas plantarem as sementes e não cuidarem delas, a floresta dificilmente se desenvolverá além de seus limites iniciais.

Assim, esses líderes compreendem a importância dos lavradores. Os lavradores são aqueles que regam as sementes, cuidam da terra ao redor, garantem os nutrientes necessários e protegem as plantas em seu estágio inicial. São eles que irrigam as sementes, fornecendo o cuidado e a atenção necessários para que cresçam fortes e saudáveis. Os lavradores são fundamentais para o florescer das sementes e a transformação delas em árvores frondosas.

À medida que os lavradores desempenham seu papel e as sementes se transformam em árvores maduras, eles também se tornam semeadores. Eles adquirem o conhecimento e a experiência necessários para se tornarem líderes por si mesmos. Assim, uma nova geração de árvores é semeada, e o ciclo continua exponencialmente.

Essa analogia destaca a importância da continuidade e da transmissão do conhecimento. Os grandes líderes sociais não apenas plantam sementes, mas também investem no desenvolvimento de outros líderes que podem regar, cuidar e cultivar as sementes. Dessa forma, a visão de um mundo melhor se espalha, à medida que mais e mais indivíduos se tornam parte desse movimento de transformação social.

Como na floresta, onde cada árvore contribui para a formação de um ecossistema resiliente, cada líder social desempenha um papel vital na construção de uma sociedade mais justa e igualitária. A colaboração entre os semeadores e os lavradores é essencial para garantir que as sementes do empreendedorismo social germinem e se transformem em árvores que fornecem sombra, frutos e abrigo para todos.

É através dessa sinergia entre os líderes sociais e aqueles que se doam pela causa que uma nova geração de empreendedores sociais é nutrida, pronta para levar adiante a missão de promover mudanças positivas. Assim como a floresta cresce e se renova, o movimento do empreendedorismo social floresce e se expande, criando um impacto duradouro e deixando um legado para as futuras gerações.

Após décadas de trabalho com a NOSSA RH, finalmente testemunhamos o resultado que justificava a existência do programa Nossa Parte. Foi um momento emocionante, pois ele abriu as portas para compreender o verdadeiro propósito de ajudar. Ao traçar meticulosamente o caminho ao redor do programa, percebemos que havia espaço para uma ação final, uma ação que completaria o ciclo de transformação social que almejei durante toda a minha vida.

Ao acolher uma criança de seis anos, imersa em uma situação de vulnerabilidade social, e trabalhar com ela na construção de uma visão de um mundo melhor no futuro. Ao oferecer a ela a oportunidade de escolher entre gostar de música, futebol, pintura ou computação, sentimos a verdadeira essência da jornada.

Ao entregar nas mãos de um jovem a decisão de selecionar o caminho que deseja seguir, seja ele na Elo, no Futebol de Rua, ou em sua própria trilha, fomos tomados por uma mistura de esperança e orgulho.

A satisfação de ver um jovem completar dezoito anos com o objetivo de construir uma carreira, conquistando uma boa oportunidade de um emprego, nos motivou ainda mais a abrir as portas da NOSSA RH, proporcionando um espaço acolhedor para receber jovens aprendizes e reintegrá-los ao mercado de trabalho.

Nesse dia, quando percebemos que o ciclo estava completo, que o programa Nossa Parte estava cumprindo seu propósito, e que todas as etapas desse processo estavam fortalecidas, lembrei de meu pai.

Lembrei do dia em que ele me levou para pescar pela primeira vez...

Em silêncio, agradeci a ele por tudo o que me transmitiu ao longo de sua curta vida, pois esses ensinamentos formaram a base que me impulsionou a trilhar esse caminho.

Quando olho para trás, vejo o programa Nossa Parte como um legado que continuará a transformar vidas mesmo depois que eu partir. É uma semente que eu e a Marilda plantamos e que agora vemos florescer diante dos nossos olhos.

E de tudo isso que experienciei, aprendi que o verdadeiro sentido da vida está em tocar corações e inspirar as pessoas a provocar mudanças positivas em suas próprias vidas.

O verdadeiro sentido da ajuda é uma expressão incondicional de amor e compaixão que se manifesta através de uma ação genuína, sem a expectativa de recompensa ou reconhecimento. Ela nasce da empatia pura e da compreensão profunda da necessidade do outro, sempre guiada pelo respeito à sua autonomia e dignidade. Essa ajuda não é contaminada por motivações egoístas, e sua única intenção é servir o bem-estar e o crescimento do outro. É um ato de humanidade em sua forma mais nobre, um compromisso absoluto com o alívio do sofrimento e a promoção da independência sem quaisquer condições ou limitações.

Em nossa existência, cada um de nós se depara com uma trilha única a ser percorrida. Partimos rumo a um propósito carregados de sementes que podemos plantar ao longo do caminho, permitindo que jardineiros e agricultores cuidem para que elas se desenvolvam e cresçam fortes e frondosas. A beleza dessa história é que, quanto mais longe formos, ao olhar para trás, mais belo será legado veremos. Cada um de nós possui sua própria trajetória esperando apenas para ser tecida.

Na tapeçaria da vida, cada ponto é essencial para o desenho final. E acredito com toda a minha fé que, no palco dessa existência, cada um de nós encontrará sua forma de se fazer brilhar.

E você, estimado leitor, já começou a fazer a SUA PARTE?

INCANTO
Crianças
NOSSA
PARTE
FUTEBOL
DE RUA
Jovem
Aprendiz
ELO
Jovem
Aprendiz
EMPRESAS
PARCEIRAS

A NOSSA PARTE

"No início, pequenas melhorias parecem sem sentido porque são diluídas pelo peso do sistema. Assim como uma moeda não o vai enriquecer, uma mudança positiva, como meditar por um minuto ou ler uma página por dia, provavelmente não trará uma diferença perceptível. No entanto, gradualmente, à medida que você continua a acumular pequenas alterações, umas sobre as outras, a balança da vida começa a se deslocar."

James Clear – Hábitos Atômicos

Esta é uma história que possui diferentes versões, mas todas têm em comum a origem de uma ideia. Essas histórias são baseadas na teoria das Janelas Quebradas, desenvolvida na Escola de Chicago, que sugere que sinais e desordem em um ambiente incentivam comportamentos antissociais, enquanto a manutenção e o cuidado com o ambiente promovem o respeito e a civilidade.

***

Era uma vez um homem que morava em uma cidade dominada pelo cinza de um muro grande na praça central. Este homem falava frequentemente com seu Mestre, partilhando suas observações e aprendizados.

Um dia, o homem disse ao Mestre: "Mestre, sempre que olho para aquela praça, vejo aquele muro cinza e sem vida. Ele deixa a praça feia. Sempre que vejo alguém passar, comento sobre quão desagradável aquele muro é e tento descobrir de quem é a responsabilidade pela manutenção. Mas nada muda".

Até que um dia, um morador novo chegou à cidade. Enquanto sua mudança não era entregue, ele decidiu dar um passeio de carro e se deparou com o muro cinza na praça. Diferente dos demais, ele não apenas olhou e reclamou, mas viu algo que poderia ser melhorado. O novo morador foi até uma loja de materiais de construção e comprou uma lata de massa, uma lata de tinta e alguns pincéis.

Naquela mesma tarde, o recém-chegado começou a arrumar o muro, tampando os buracos e retirando os matos que cresciam em sua base. Assim, dias após dia, ele começou a dar cores àquele muro cinza, transformando o que antes era motivo de reclamação, em um espetáculo de beleza e harmonia.

Logo, as pessoas da cidade começaram a se juntar ao homem. Primeiro, veio uma senhora que trouxe uma lata de tinta verde. Depois, um jovem que trouxe pincéis extras. E então, as crianças chegaram, trazendo ainda mais cor e alegria para a pintura. Outros habitantes começaram a trazer lanches e sucos, transformando a praça em um local de união e renovação. Aquele muro, antes apenas um retrato do descaso, agora se tornara um símbolo de comunidade e transformação.

O homem, ao ver a mudança que ocorria, sentiu-se motivado e juntou-se àquelas pessoas. Pegou um pincel e contribuiu com suas próprias pinceladas no muro. No entanto, ao refletir sobre o que havia acontecido, confessou ao Mestre: "Mestre, sinto-me envergonhado. Eu tinha conhecimento para fazer uma mudança, mas não a fiz. Só agi depois que vi o exemplo de outro homem".

O Mestre, em sua sabedoria, respondeu: "Não há vergonha nisso. A oportunidade de agir não foi aproveitada dessa vez, mas isso não significa que você não possa aprender com isso. Tenho certeza de que na próxima oportunidade, você será o primeiro a dar o passo em direção à transformação".

MEUS INFLUENCIADORES

Muitas pessoas cruzaram o meu caminho e, sem perceber, moldaram minha existência, influenciando quem eu me tornei hoje. Outras, eu sei, fizeram isso com propósito. Cada interação, intencional ou não, direta ou não, deixou uma marca indelével. Nos quadros a seguir, gostaria de homenagear estas figuras que, com seus exemplos singulares, seguem inspirando e orientando minha jornada.

JESUS CRISTO – "A fé sem obras é morta". Enquanto cristão, Jesus Cristo é minha inspiração maior. Mais que amar ao próximo, Ele ensinou a lei do dízimo. Aqueles que possuem, devem dar àqueles que não têm – não necessariamente tudo, mas uma modesta porção de dez por cento do melhor que se tem. Aprendi que esse princípio se estende além do dinheiro: se você tem conhecimento, compartilhe-o; se você tem tempo, doe-o; se possui bens materiais, ajude quem carece deles.

SÃO FRANCISCO DE ASSIS – O pináculo do desapego material. Este jovem italiano dotado de inúmeras posses abandonou-as para dedicar-se aos necessitados. Sua prece, "É dando que se recebe", ressoa fortemente em meu coração. Em algum ponto da minha jornada passei a acreditar firmemente em suas palavras. Faço tudo o que posso, tento fazer o possível e lá na frente, quando olhar para trás, vou ver que fiz o impossível. Ele foi, e continua sendo, um farol que me guia na trilha da generosidade e da humildade.

MADRE TERESA DE CALCUTÁ – Símbolo de altruísmo e de devoção à humanidade. A "Santa das Sarjetas" dedicou sua vida aos mais necessitados. Quando negou a si mesma o conforto e a segurança, se tornou o maior exemplo do que é ser fiel a um princípio: "Servir ao próximo é servir a Deus". Aprendi com ela que a compaixão é uma das virtudes mais lindas.

CHICO XAVIER – Seu legado ultrapassa sua inegável mediunidade e sua capacidade de nos apresentar uma perspectiva além da realidade física. Chico Xavier alcançou a condição de nos mostrar, através de seu próprio comportamento, que os valores humanos mais puros residem dentro de nós mesmos. Suas mensagens de paz e otimismo tocam profundamente meu coração e minha alma.

GERALDO JOÃO MORSCHEL - Meu pai, uma luz em meu caminho, é a quintessência da vida vivida com propósito. Sua genuína bondade e altruísmo são notáveis, dedicando-se incansavelmente à igualdade social e à redução das diferenças. A pessoa que me ensinou a pescar, não apenas peixes em rios e lagos, mas também as lições mais profundas da vida. Firme e resoluto, talvez não tenha conseguido completar sua obra de vida neste plano, não como desejava. Porém, deixou um legado duradouro e um discípulo, eu, convencido de que por meio do trabalho é possível fazer a diferença.

MARCELINA MORSCHEL - Uma tia profundamente adorada, escritora de histórias esplêndidas inspiradas em sua própria vida. Foi por meio de seus textos que eu mergulhei profundamente em reflexões sobre a minha própria existência. Ainda que ela não esteja mais fisicamente presente, seu legado alimentou e intensificou minha paixão pela escrita. Sabiamente, ela me ensinou que a jornada do escritor, apesar de árdua, é iniciada com uma primeira frase. Com ela descobri que, ao transpor nossas reflexões e inquietações para o papel, desencadeamos um processo de crescimento e autodescoberta sobre nós mesmos.

Livros: *Do Amor Perfeito, - Quase Uma Biografia, Anima Mea* e *Exercício de Solidão.*

MARILDA JOSANE WILCZEK MORSCHEL - Esposa e companheira, um arquétipo de coragem, determinação e espírito empreendedor. Marcada por um início de vida no qual trabalho e estudos entrelaçavam-se, sua força e dedicação resplandeceram, tornando-se uma fonte de inspiração para mim. Nossa aliança foi forjada no amor e na cooperação, dando origem a uma família preciosa. Três filhos e quatro netos, todos crescendo para se tornarem ainda melhores do que nós. Percebemos juntos que o verdadeiro êxtase de um pai e de uma mãe está em descobrir que nossos filhos se tornaram melhores do que nós. Desde o início, quando tudo ainda era nada, começamos nossa jornada em busca de um sonho ambicioso e um desejo profundo de provocar um impacto positivo no mundo. Juntos, construímos um grupo de empresas que deu origem ao programa Nossa Parte – Responsabilidade Consciente, que acreditamos, ficará como NOSSO legado.

Sites: https://www.rhnossa.com.br – https://www.cwbem.com.br

DONA MARIA DE JESUS – Mulher, exemplo de generosidade. Sua fé inabalável e seu otimismo se voltaram para o auxílio aos vulneráveis. Usava grande parte de seu modesto salário para suprir as necessidades dos outros, dos funcionários da empresa ou de pessoas da comunidade, quem precisasse. Com ela, aprendi sobre o desapego e a alegria de servir aos outros. Seu exemplo é uma lição viva de altruísmo e generosidade.

MARIA HELENA SCHUCK – Uma verdadeira mentora. Através do seu curso de Coordenação em Dinâmica de Grupos e de suas consultorias para nossa diretoria e gerência, recebemos ensinamentos valiosos. Com uma abordagem assertiva e direta, "sem chazinhos de titia", nos ensinou a ter atitudes e posicionamentos autênticos e impactantes. Com sua orientação, conseguimos encontrar um propósito coerente, estabelecer um planejamento estratégico sólido e construir uma empresa que não só gera milhares de empregos, mas também realiza sonhos. Seus valiosos conselhos nos deram condições para criar as ferramentas necessárias para fazer a NOSSA PARTE.

VICTOR CLAUDIO VALERINI – Mestre na etimologia, a ciência das origens das palavras, nos conduz em uma jornada linguística. Com ele, aprendi que educação vem do latim educare, que significa trazer para fora, e que aprendizado é uma apreensão do conhecimento, como tomar algo em suas mãos. Ele me mostrou como as raízes das palavras, assim como as raízes das árvores, sustentam suas estruturas, e como as palavras são tecidas juntas como um tecido de significados interconectados. Victor me ensinou a ler não apenas as palavras, mas suas letras, seus elementos, suas histórias e seus laços.

Sua sabedoria não é apenas uma tradição de transmissão de conhecimento, mas uma trilha para explorar a terra do idioma.

Livro: *A Escola do Ser.*

JOSÉ LUIZ TEJON – Mestre inspirador. Em seu livro Guerreiros não nascem prontos, encontrei uma fonte de sabedoria e coragem. Seu trabalho não apenas ensina, como também provoca reflexões, incentiva a autoavaliação e guia para a ação. Sua obra despertou em mim a consciência de que o caminho do guerreiro se forja na prática, na luta e no autodesenvolvimento. Cada página de sua obra é um convite à reflexão e à autorreflexão. É um autêntico mapa para a alma do guerreiro que habita em cada um de nós.

ADAM GRANT – Líder visionário e voz indispensável no mundo da psicologia organizacional. Encontrei em seus livros *Dar e Receber* e *Pense de Novo*, as ideias que reforçaram minha crença de que são necessários dois ingredientes para que o sucesso ocorra de forma saudável: generosidade e visão disruptiva. Esses dois elementos são mais do que virtudes pessoais, são as chaves para uma vida rica, gratificante e para o sucesso sustentável no mundo dos negócios.

BLAKE MYCOSKIE – Como fundador da TOMS, Mycoskie ilustra vividamente o poder do empreendedorismo social. Ele construiu uma empresa com uma missão clara: ajudar aqueles em necessidade. Aprendi com ele que os negócios podem ir além do lucro, criando um impacto positivo tangível no mundo. Seu princípio "Um por um", segundo o qual para cada produto vendido um é doado, é um exemplo de como podemos equilibrar lucro com propósito. Seu espírito pioneiro e sua filosofia de "negócios para o bem" continuam a alimentar minha paixão por fazer a diferença na vida dos outros.

JOAN ANTONI MELÉ – Destacado ativista da banca ética e autor do livro *Dinheiro e Consciência*, Melé tem sido uma inspiração por sua insistência infatigável no valor da ética nas finanças. Com suas ideias revolucionárias, ele despertou uma nova consciência em mim sobre o uso responsável e consciente do dinheiro. Sua abordagem humanista da economia desafiou e transformou a visão sobre o papel do dinheiro na sociedade e provocou uma reflexão sobre o poder que cada indivíduo possui ao tomar decisões financeiras conscientes.

CARLOS MORASSUTI - Me inspirou com palavras e exemplos. Alcançou sucesso nas diferentes dimensões da vida, com uma carreira sólida como diretor de recursos humanos de grande indústria. Seu segundo livro, *Abrace o seu Caminho - Plano de vida*, relata seus diálogos com "seu mentor fantasma" durante o percurso do caminho de Santiago. Inspirou em mim profundas reflexões: mais importante do que ter um plano de vida, é mantê-lo sempre atualizado e agir para concretizá-lo. Não ficar imóvel diante dos obstáculos que a vida nos coloca no caminho. Se há um bloqueio no caminho, uma nova via pode ser traçada, e uma saída será encontrada. Suas palavras me animaram e me animam muito a não considerar nenhum obstáculo intransponível. Nada é impossível para quem sabe aonde quer chegar.

Livros: *O Lado Humano do Sucesso (2012)* e *Abrace o seu Caminho (2021).*

DRA. ANA CLAUDIA QUINTANA ARANTES - Uma brilhante médica geriatra, especialista em cuidados paliativos para pacientes terminais. Ela transformou a maneira como encaro o envelhecimento e a morte. Seus livros e suas palestras desencadearam reflexões profundas sobre o propósito de minha vida e sobre a imperiosa necessidade de me preparar para o processo de envelhecer e, eventualmente, morrer. Seus inúmeros trabalhos estão espalhados pela internet, mas seus livros se destacam como marcos na minha jornada pessoal, cada um deles, lido e relido com avidez.

Site: www.acqa.com.br

CAMILA CASAGRANDE - Uma jovem de apenas trinta anos que se tornou um símbolo de determinação, luta, paixão e perseverança. De origem humilde, Camila batalhou muito para estudar e aprender a dançar. Ela provou para mim e para muitos outros que é possível transformar qualquer sonho em realidade. Quando acreditamos, tudo acontece. Hoje, como presidente do Incanto e líder do projeto Favela 3D em Curitiba, ela é um exemplo vivo de que é possível ajudar a transformar a vida das crianças, dos jovens e de suas famílias. Digo sempre: "Se cada projeto ou se cada empresa tivesse uma Camila, tudo poderia ser melhor".

Sites: https://institutoincanto.org.br
https://gerandofalcoes.com/favela3d/

REGINALDO JUNG E ANGELA MARANGON JUNG – Reginaldo foi um dos grandes responsáveis por despertar em mim o desejo de verdadeiramente ajudar, me mostrou que sempre é possível, que há sempre um jeito. Com sua forma corajosa e dedicada, manteve o CID – Centro de Integração Digital, em pé e funcionando, mesmo com os parcos recursos obtidos. Manteve o legado do professor Algair Ernesto Alves – fundador do projeto em 2006. Tem um carinho especial pelas famílias e pelas crianças da comunidade que hoje são assistidas pelo Incanto. Certamente, não fosse sua dedicação, nada disso haveria. Lutou para manter a posse do imóvel onde hoje funciona o Centro Cultural e para manter a ONG aberta durante cerca de doze anos. Reginaldo e Ângela me ensinaram na pratica o que significa persistência, coragem e dedicação a uma causa nobre.

JAMES MARINS – Fundador do Instituto Legado ao lado de sua esposa Gláucia Marins, é uma fonte inesgotável de admiração. A demonstração do poder transformador da Filantropia Estratégica e sua paixão pela criação de um legado, comprovam que é possível olhar para além do horizonte. Aprendi com o James, e com a leitura de seu livro A era do impacto, que para dar certo é preciso "Levar o Social para o Empreendedorismo e o Empreendedorismo para o Social".

Site: https://institutolegado.org

RENAULT VIEIRA E MARILIA TISSOT – As mentes por trás da Elo – Apoio Social e Ambiental. Exemplos de determinação e empatia. Juntos, possuem o talento de mobilizar pessoas em torno de uma causa e a habilidade para transformar desafios em oportunidades de crescimento. A formação de Jovens Aprendizes é um componente crucial nesse nosso propósito de transformar vidas. A Elo não só proporciona a esses jovens uma chance de crescimento como também deixa sua marca indelével em minha jornada.

Site: https://eloapoio.org.br

ALCEU NADAL NASCIMENTO – Idealizador do Instituto Futebol de Rua, transcendeu os limites do esporte e criou um veículo transformador de vidas. Suas ações vão além de ensinar futebol; ensina valores, cria laços de confiança e fortalece a esperança de um futuro melhor para cada jovem que tem o privilégio de cruzar seu caminho. Assim como a Elo, é uma ponte entre o Incanto e o mundo real.

Site: https://futebolderua.org

LUCAS GIANNINI - FUNDAÇÃO BHERING – A fundação Behring acredita no potencial dos jovens, na importância da comunidade e na força da economia digital. Entidade que realiza um trabalho de forma profissionalizada, apoia institucionalmente várias ONGs e projetos nacionais e internacionais. Além de apoiadores da Gerando Falcões, são apoiadores institucionais do Incanto. Lucas, profissional com sólida formação acadêmica no Brasil e no exterior, dirige a fundação. É um dos nossos mentores no aspecto de planejamento e gestão de recursos. A forma profissional, firme e carinhosa com que conduz as atividades na parceria com o Incanto, gera para mim um grande aprendizado, reforçando a ideia de que qualquer projeto social, para dar certo, precisa ser conduzido de forma profissional, estruturada e com muito planejamento e foco. Muito mais do que os recursos financeiros anualmente aportados, o grande valor está nos ensinamentos a que temos acesso nas mentorias que recebemos. É o tempo da equipe do Lucas que tem feito o Incanto crescer e atuar de uma forma planejada, organizada e autônoma.

Site: www.fundacaobehring.org

ARTHUR GRINBALD – Sua atuação notável na Fundação O Boticário, sua paixão incansável pela preservação ambiental e pelo desenvolvimento sustentável me inspiraram de maneira inestimável. Seu comprometimento exemplar com o meio ambiente, criando e apoiando iniciativas para proteção da nossa biodiversidade, tem sido uma verdadeira lição sobre a importância da sustentabilidade. Sua liderança visionária é um exemplo vívido de como o empreendedorismo consciente pode gerar um impacto positivo e duradouro. Juntos, temos a responsabilidade de cuidar do planeta Terra. Como apoiador do Incanto e mentor da Camila, têm dedicado seu valioso tempo para nos orientar e conduzir nos caminhos dos melhores resultados.

Site: https://www.fundacaogrupoboticario.org.br/pt/Paginas/Inicial.aspx

MARINA FEFFER – Jovem de família abastada, que desde muito cedo se preocupa com a dura realidade das desigualdades que assolam nosso planeta. Inquieta, saiu em busca de uma solução para amenizar e reduzir a fome e garantir um mínimo de dignidade para as populações menos favorecidas. Criou a *Generation Pledge* – Promessa de Geração, em Português –, uma crescente comunidade de herdeiros comprometidos em fazer o bem. Os herdeiros de grandes fortunas de empresas familiares de vários países do mundo são sensibilizados para que doem pelo menos dez por cento de seu patrimônio para causas efetivas nos primeiros cinco anos após o recebimento da herança, e mobilizem seu capital econômico e social para gerar maior impacto antes e depois de herdar. Esta sim, é verdadeiramente uma forma de ajudar e fazer a diferença

Site: www.generationpledge.org

EDU LYRA – Jovem que nos ensina a construir pontes ao invés de muros. Sem dúvida, uma das mais belas e impactantes histórias de superação e convicção. A convicção inabalável de quem saiu de um barraco de chão batido na periferia de Guarulhos, nos mostra que nada é impossível. É alguém que está fazendo a diferença e construindo um mundo melhor por meio de iniciativas que causam impacto e estão fazendo a diferença em nosso meio. A Gerando Falcões, que acelera muitas ONGs, é um verdadeiro exemplo de ensinar a pescar e não criar dependentes. As mentorias, os programas e os modelos que são oferecidos promovem a autonomia. Em seu último livro, *Da Favela Para o Mundo*, Edu nos relata uma história de muita garra, persistência e, acima de tudo, determinação. Desde muito cedo aprendeu com sua mãe que: "não importa de onde você vem, mas sim para onde você vai". Seu mais recente projeto a Favela 3D, mostra que em vez de tentar acabar com as favelas, devemos torná-las dignas, digitais e desenvolvidas. Certamente, será um caso de sucesso, pois Edu está conseguindo agregar os líderes de comunidades, com o poder público e o empresariado para reduzir as desigualdades sociais.

Livros: *Jovens Falcões* e *Da Favela para o Mundo.*

Site: www.gerandofalcoes.com

JOSE ROBERTO REAL – "Meu grande amigo", assim ele me chama. Companheiro de todas as horas e para todas as coisas. Homem que pensa sempre nos outros. Deixa suas coisas, sua família e seu trabalho para servir o outros. Juntos há mais de vinte anos, ajudamos a criar a Associação Beneficente Lar abrigo de Jesus, casa espírita. Hoje, ele continua a obra como mentor, praticando diariamente a bondade e a caridade. Tem o dom de cativar, reunir e agregar pessoas, e, principalmente, de ensinar. Além de cordialmente atender todos os que chegam à casa, é ele quem ministra aulas e coordena os estudos da doutrina espírita. Pessoa de extrema bondade e desapego. Embora não seja um pescador, me ensinou a pescar e buscar o altruísmo e a bondade verdadeira.

Site: www.larabrigodejesus.org.br

BERNARDO LEVANDOSKI – Parceiro, vizinho e amigo com quem compartilho leituras e reflexões sobre a vida. Bernardo é a personificação da bondade e da paciência. Admirável é o carinho e a dedicação com que trata sua família, especialmente seus netos, evidenciando uma nova dimensão de existência e da força vital. Com ele, aprendi a importância das eras "A.N." e "P.N." (Antes dos Netos e Pós-Netos). Os netos representam para nós uma nova oportunidade de aprendizado e reflexão sobre o legado que queremos deixar. É nossa missão reforçar neles a crença de que podem ser os protagonistas de um mundo bem melhor.

VAGNER TRINTIM RAMOS – Profissional versátil, jornalista e escritor, desempenhou um papel crucial na concretização deste meu sonho. Demonstrou dedicação e interesse ímpares ao orquestrar uma narrativa que, por vezes, parecia desconexa e sem solução. Com ele, aprendi que aquele que questiona de maneira sagaz e provocativa, desperta reflexões profundas e alcança respostas originais e verdadeiras. A colaboração com o Trintim permitiu que eu partilhasse minhas reflexões. Confesso que o entusiasmo e a dedicação incansáveis desse jovem escritor foram os elementos decisivos que me impediram de desistir deste projeto.

Para não tornar uma AJUDA INÚTIL

Não pretendo oferecer um manual de instruções sobre COMO AJUDAR, mas sim propor algumas reflexões prudentes antes de você se aventurar na tarefa de ajudar uma pessoa, ou uma instituição.

Apesar do título provocativo "Ajuda Inútil", estou convencido de que nenhuma forma de ajuda é absolutamente vazia de propósito. É verdade, pode ser insuficiente para quem a recebe, mas para quem oferece é, quase sempre, um vislumbre efêmero de paz interior, uma sensação passageira de realização.

Uma ajuda pode ser movida pela compaixão, como oferecer um prato de comida ou dar uma moeda a um desconhecido no semáforo. Para alguns pode ser uma ação trivial, mas para que pratica a bondade, há um efeito palpável: o ânimo se eleva e a consciência encontra um momento de alívio e paz.

Durante as campanhas sociais de inverno, doamos peças de roupas e calçados, e na maioria das vezes são peças que não usamos mais ou que já estão desgastadas. No Natal, é possível que seja um brinquedo novo para uma criança, ou um mimo para uma pessoa idosa; A Páscoa e o Dia das Crianças chegam cheias de doces. Essas ações, aparentemente generosas, tendem a acalentar nossos corações e a nos fazer crer que estamos cumprindo nossa quota de responsabilidade social. Será?

Essas práticas, embora nobres em intenção, convocam uma reflexão mais profunda. Estamos agindo para provocar uma mudança efetiva, ou somos movidos por um altruísmo superficial destinado a aplacar nossa própria consciência ao invés de gerar um impacto duradouro nas vidas que pretendemos ajudar?

O questionamento não pretende invalidar a bondade intrínseca dessas ações, mas sim incitar um olhar mais crítico sobre a qualidade e o alcance de nosso engajamento social.

Eu costumo perguntar a quem ajuda desta forma, sem qualquer julgamento ou crítica: O que essas crianças irão comer no dia após a Páscoa? Onde elas moram? Elas têm um lar seguro? Tem acesso à escola? Uniformes escolares e materiais didáticos? E o brinquedo frágil que se quebrará após um ou dois dias, o que substituirá essa distração momentânea? Onde vão guardar essas roupas que você doou?

Muitos dos quem ajudamos não tem uma casa digna para morar, uma renda para a próxima refeição e nem o mínimo para enfrentar todos os outros dias do ano.

Aquela pessoa no semáforo que pede moedas para uma refeição hoje, estará condenada a repetir essa rotina todos os dias. E o que ela vai comer no dia em que não puder voltar para pedir as moedas?

Uma criança que vai à escola recebe, no mínimo, acesso a uma alimentação básica, uniformes e materiais didáticos. Os pais dessas crianças, podem então se preocupar em procurar uma capacitação profissional para um emprego que lhes garanta no mínimo um salário-mínimo.

Esse pode ser um retrato abstrato da sociedade para muita gente, mas infelizmente, a verdade é que ainda há muito trabalho a ser feito. A Unicef alertou que só no ano de 2022, dois milhões de crianças e adolescentes, entre 11 e 19 anos não estavam frequentando a escola no Brasil. Quantas dessas Crianças e Adolescentes você viu por aí?

Acredito que, se cada um fizer a sua parte, tudo vai melhorar. O ato de ajudar vai além do ato de dar. Ela envolve transformar vidas. Isso passa pela educação, pela capacitação para o trabalho, e principalmente pelo incentivo à independência.

Ajudar do jeito errado é criar dependentes. Ajudar do jeito certo é fornecer ferramentas para que cada indivíduo possa traçar seu próprio caminho.

Ao decidir ajudar:

1 - Faça a lição de casa: Antes de doar, pesquise sobre as instituições filantrópicas, sejam públicas ou privadas, que já estão envolvidas no tipo de ajuda que você deseja oferecer, seja ela para crianças, idosos, dependentes, entre outros.

2 – Avalie a Instituição: É uma entidade séria? Ela cumpre o que promete? É transparente? Tem uma estrutura organizacional sólida? Com essa análise, duas opções surgem: a-) se a entidade já é bem estabelecida, canalize seus recursos para ela; b-) se ainda está em fase de desenvolvimento, considere direcionar sua ajuda a ela, seja financeira, de tempo ou conhecimento, com o objetivo de fortalecê-la.

3 - Envolva-se ativamente: Não se limite a ser um doador passivo. Comprometa-se com tarefas e atividade que você possa executar, talvez até de sua própria casa. O modo home-office tornou viável a contribuição em muitas áreas e se o seu trabalho pode ser feito remoto, então é uma grande oportunidade.

4 - Monitore o impacto: Tão importante quanto doar é acompanhar o uso que seus recursos tomam naquela instituição. Acompanhe a gestão da instituição, cobre transparência na prestação de contas.

5 - Mantenha o diálogo aberto: Esteja em constante comunicação com a instituição. Ligue, envie mensagens, cobre relatórios para avaliar se a sua contribuição está realmente fazendo a diferença.

Lembre-se, a questão não é apenas sobre doar dinheiro, bens ou roupas. O que está em jogo aqui é o seu ativo mais valioso: seu tempo e conhecimento. Às vezes, o que uma instituição mais precisa não é de fundos, mas de expertise em organização, planejamento ou algum tipo de serviço voluntário que você possa fornecer

Para quem pretende tornar a sua generosidade mais que um gesto simbólico, aqui estão algumas sugestões onde, com toda certeza, você fará uma Doação Útil.

INCANTO - Instituto de Cultura Arte e Novas Tecnologias

Uma rede de 30 Ongs que atendem crianças dos 6 aos 17 anos. Todos os dias 70 voluntários se revezam em escalas e percorrem as instituições promovendo aulas de dança, teatro, lutas, circo, futebol, música, informática e robótica.

No Centro Cultural, localizado na rua Adalberto Gil da Silva, 205, no bairro Santa Quitéria, em Curitiba, 200 crianças são acolhidas todos os dias e, além das aulas - sempre no contraturno escolar - recebem transporte da comunidade até a ong, refeições, lanches e uniformes. Atualmente estão em formação os grupos do coral, do circo e a orquestra. Todos ensaiando com muita dedicação com a meta de se apresentar até 2025.

Além do atendimento infanto juvenil, o Programa Caça Jeito oferece cursos e oficinas de capacitação e empreendedorismos para os pais, como forma de gerar empregabilidade.

O Incanto é acelerado pela Gerando Falcões, recebe recursos de empresas patrocinadoras e padrinhos – pessoas físicas. O Conselho de Gestão é composto por empresários e profissionais liberais do mercado. O planejamento estratégico de médio e longo prazo e as prestações de contas mensais são rigorosamente acompanhadas e auditadas pelos patrocinadores, o que confere credibilidade, segurança e resultados de impacto social consistente.

www.incanto.org.br

ELO Social e Ambiental

A Organização oferece apoio e oportunidades para adolescentes e jovens que enfrentam situações de vulnerabilidade social. Educação de qualidade, preparação meticulosa para o mundo do trabalho e fortalecimento da empregabilidade são os pilares base desta instituição que hoje acolhe e direciona para o mercado de trabalho, anualmente, cerca de 650 jovens. Grande parte deles com origens em outros projetos sociais. Desde a criação da ELO até hoje, mais de 10.000 adolescentes já foram impactados.

Com sede na rua Mariano Torres, 108, no centro de Curitiba, atua com programas de menores aprendizes e estagiários, fornecendo capacitação técnica para o mercado de trabalho, orientação psicológica, suporte e acompanhamento junto às empresas durante o período que permanecem como estagiários e menores aprendizes.

Um jovem preparado e qualificado para o mercado de trabalho, conquista sua autonomia, muda a sua realidade e contribui para a mudança da realidade social da sua família.

www.eloapoio.org.br

Instituto Futebol de Rua

Há 16 anos atua na inclusão esportiva e cultural de 30.000 crianças e adolescentes pelo Brasil. A sede em Curitiba fica na Rua Antônio Moreira Lopes, 190, Parque Peladeiro, no bairro Cajuru. A metodologia aplicada nas aulas de formação humana, define a regra número 1 do fair play: o gol vale menos que o drible e os alunos são árbitros de seus próprios jogos. Dessa forma, o diálogo é estimulado como o protagonista dentro e fora do campo.

Na sede em Curitiba, cerca de 80 crianças e adolescentes entre 10 e 15 anos praticam atividades esportivas, culturais, de informática e acompanhamento escolar com o objetivo de melhorar a convivência e fortalecer vínculos.

www.futebolderua.org.br

Instituto LEGADO de Empreendedorismo Social

O empreendedorismo social como um caminho para a transformação do mundo. O Foco é acelerar iniciativas de impacto, formar empreendedores sociais e conectá-los ao ecossistema que promovem transformações. O lema é: Levar o social para empreendedorismo e o empreendedorismo para o social.

O Legado, além da educação formal, atua em rede, acelera negócios, projetos sociais, startups para expansão do impacto. Oferece coworking, orientações, mentorias especializadas e direcionadas para cada projeto. A cada ano direciona recursos financeiros para acelerar e incentivar os projetos de maior viabilidade e impacto. Uma verdadeira escola para jovens empreendedores sociais.

www.institutolegado.org

www.editorainverso.com.br
facebook.com/editorainverso
@editorainverso
(+55 41) 3254-1616 e 3538-8001
(+55 41) 99798-7623